# ANNA KARENINA

## EXCERPTS

I0169135

## A RUSSIAN
## DUAL LANGUAGE BOOK

LEV NIKOLAYEVICH TOLSTOY

SERGEI SHATSKIY *(translator)*

SEAN HARRISON *(producer)*

Maestro Publishing Group

ISBN-10:1-61949-560-0
ISBN-13:978-1-61949-560-9

*Мне отмщение, и аз воздам.*

# ЧАСТЬ ПЕРВАЯ

## XVII

На другой день, в 11 часов утра, Вронский выехал на станцию Петербургской железной дороги встречать мать, и первое лицо, попавшееся ему на ступеньках большой лестницы, был Облонский, ожидавший с этим же поездом сестру.

— А! ваше сиятельство! — крикнул Облонский. — Ты за кем?

— Я за матушкой, — улыбаясь, как и все, кто встречался с Облонским, отвечал Вронский, — пожимая ему руку, и вместе с ним взошёл на лестницу. — Она нынче должна быть из Петербурга.

— А я тебя ждал до двух часов. Куда же ты поехал от Щербацких?

— Домой, — отвечал Вронский. — Признаться, мне так было приятно вчера после Щербацких, что никуда не хотелось.

— Узнаю коней ретивых по каким-то их таврам, юношей влюблённых узнаю по их глазам, — продекламировал Степан Аркадьич точно так же, как прежде Левину.

Вронский улыбнулся с таким видом, что он не отрекается от этого, но тотчас же переменил разговор. — А ты кого встречаешь? — спросил он.

— Я? я хорошенькую женщину, — сказал Облонский, — Вот как!

— Honni soit qui mal y pense! Сестру Анну.

— Ах, это Каренину? — сказал Вронский.

— Ты её, верно, знаешь?

— Кажется, знаю. Или нет… Право, не помню, — рассеянно

*To me revenge, and I shall render.*

# PART ONE

## XVII

The next day, at 11 o'clock in the morning, Vronskiy left for the station of Petersburg railway to meet the mother, and the first face, occurring to him on the steps of a big staircase, was Oblonskiy, waiting with the same train the sister.

– Ah! Your grace! – shouted Oblonskiy. – You are for whom?

– I am for Mummy, – smiling, as everyone who met Oblonskiy, replied Vronskiy, – shaking his hand, and together with him ascended the stairs. – She today must be from Petersburg.

– And I for you had been waiting until two o'clock. Where did you ride from the Shcherbatskiye?

– Home, – answered Vronskiy. – To admit, to me it was so pleasant yesterday evening after the Shcherbatskiye, that nowhere /I/ did not want to.

– Recognize /I/ the horses mettlesome by some their brands, young men in love recognize /I/ by their eyes, – recited Stepan Arkadyich just the same as before to Levin.

Vronskiy smiled with such a look that he does not renounce it, but at once changed the talk. – And you whom are meeting? – asked he.

– I? I – a pretty women, – said Oblonskiy, – That is how!

– Honni soit qui mal y pense! Sister Anna.

– Ah, is this Karenina? – said Vronskiy.

– Do you her, certainly, know?

– Seems /I/ know. Or not… Surely, /I/ do not remember, – absent-

отвечал Вронский, смутно представляя себе при имени Карениной что-то чопорное и скучное.

— Но Алексея Александровича, моего знаменитого зятя, верно, знаешь. Его весь мир знает.

— То есть знаю по репутации и по виду. Знаю, что он умный, учёный, божественный что-то... Но ты знаешь, это не в моей... not in my line, — сказал Вронский.

— Да, он очень замечательный человек; немножко консерватор, но славный человек, — заметил Степан Аркадьич, — славный человек.

— Ну, и тем лучше для него, — сказал Вронский улыбаясь. — А, ты здесь, — обратился он к высокому старому лакею матери, стоявшему у двери, — войди сюда.

Вронский в это последнее время, кроме общей для всех приятности Степана Аркадьича, чувствовал себя привязанным к нему ещё тем, что он в его воображении соединялся с Кити.

— Ну что ж, в воскресенье сделаем ужин для дивы? — сказал он ему, с улыбкой взяв его под руку.

— Непременно. Я сберу подписку. Ах, познакомился ты вчера с моим приятелем Левиным? — спросил Степан Аркадьич.

— Как же. Но он что-то скоро уехал.

— Он славный малый, — продолжал Облонский. — Не правда ли?

— Я не знаю, — отвечал Вронский, — отчего это во всех москвичах, разумеется исключая тех, с кем говорю, — шутливо вставил он, — есть что-то резкое. Что-то они всё на дыбы становятся, сердятся, как будто всё хотят дать почувствовать что-то...

— Есть это, правда, есть... — весело смеясь, сказал Степан Аркадьич.

— Что, скоро ли? — обратился Вронский к служащему.

— Поезд вышел, — отвечал служитель.

Приближение поезда все более и более обозначалось движением приготовлений на станции, беганьем артельщиков, появлением жандармов и служащих и подъездом встречающих.

mindedly replied Vronskiy, vaguely imagining to himself at the name of Karenina something prim and boring.

– But Aleksey Aleksandrovich, my famous son-in-law, surely, / you/ know. Him knows the whole world.

– That is /I/ know by reputation and by look. /I/ know that he is smart, a scholar, divine something…But you know, this is not in my… not in my line, – said Vronskiy.

– Yes, he is a very remarkable person; a little conservative, but a nice person, – noted Stepan Arkadyich, – a nice person.

– Well, and that is better for him, – said Vronskiy smiling. – Ah, you are here, – addressed he a tall old footman of his mother, standing at the door, – come in here.

Vronskiy at this recent time, apart from the common for everyone pleasantness of Stepan Arkadyich, felt himself attached to him also by that, that he in his imagination linked with Kity.

– Well, what, on Sunday /we/ will make dinner for the diva? – said he to him, with a smile taking him under his arm.

– Certainly. I will gather the acquaintances. Ah, got acquainted you yesterday with my friend Levin? – asked Stepan Arkadyich.

– Indeed. But he somewhat soon left.

– He is a nice fellow, – continued Oblonskiy. – Is not he?

– I do not know, – replied Vronskiy, – why is this in all Muscovites, of course, except those with whom /I/ talk, – jokingly interjected he, – is something edgy. Somewhat they all on the hind legs rise, get angry as if all want to let feel something…

– Is it, truth, is… – cheerfully laughing, said Stepan Arkadyich.

– What, soon /is it/ whether? – addressed Vronskiy the employee.

– The train has come out, – answered the employee.

The approach of the train all more and more was signified by the movement of preparations at the station, running of artel-workers, appearance of gendarmes and employees and the arrival of the welcom-

Сквозь морозный пар виднелись рабочие в полушубках, в мягких валеных сапогах, переходившие через рельсы загибающихся путей. Слышался свист паровика на дальних рельсах и передвижение чего-то тяжёлого.

– Нет, – сказал Степан Аркадьич, которому очень хотелось рассказать Вронскому о намерениях Левина относительно Кити. – Нет, ты неверно оценил моего Левина. Он очень нервный человек и бывает неприятен, правда, но зато иногда он бывает очень мил. Это такая честная, правдивая натура, и сердце золотое. Но вчера были особенные причины, – с значительною улыбкой продолжал Степан Аркадьич, совершенно забывая то искреннее сочувствие, которое он вчера испытывал к своему приятелю, и теперь испытывая такое же, только к Вронскому. – Да, была причина, почему он мог быть или особенно счастлив, или особенно несчастлив, Вронский остановился и прямо спросил:

– То есть что же? Или он вчера сделал предложение твоей belle soeur?…

– Может быть, – сказал Степан Аркадьич. – Что-то мне показалось такое вчера. Да, если он рано уехал и был ещё не в духе, то это так… Он так давно влюблён, и мне его очень жаль.

– Вот как!… Я думаю, впрочем, что она может рассчитывать на лучшую партию, – сказал Вронский и, выпрямив грудь, опять принялся ходить. – Впрочем, я его не знаю, – прибавил он. – Да, это тяжелое положение! От этого-то большинство и предпочитает знаться с Кларами. Там неудача доказывает только, что у тебя недостало денег, а здесь – твоё достоинство на весах. Однако вот и поезд.

Действительно, вдали уже свистел паровоз. Через несколько минут платформа задрожала, и, пыхая сбиваемым книзу от мороза паром, прокатился паровоз с медленно и мерно нагибающимся и растягивающимся рычагом среднего колеса и с кланяющимся, обвязанным, заиндевелым машинистом; а за тендером, все

ers. Through frosty steam were seen workers in sheepskin coats, in soft felt high boots, going across the rails of winding tracks. Was heard the whistle of a steam engine on far rails and the movement of something heavy.

– No, – said Stepan Arkadyich, to whom extremely wanted to tell Vronskiy about the intentions of Levin related to Kity. – No, you have incorrectly judged my Levin. He is a very nervous person and can be unpleasant, truth, but sometimes can be very sweet. This is such honest, truthful nature, and the heart is gold. But yesterday were special reasons, – with a significant smile continued Stepan Arkadyich, completely forgetting that sincere compassion, which he yesterday felt for his friend, and now feeling the same only to Vronskiy. – Yes, /there/ was a reason, why he could be either especially happy or especially unhappy. Vronskiy stopped and directly asked:

– So is what? Or did he yesterday propose to your belle soeur? …

– Maybe, – said Stepan Arkadyich. – Something seemed like this yesterday. Yes, if he early left, and was moreover not in the mood, then this is so… He is so long ago in love, and I him very much pity.

– That is how! … I think, however, that she can count on a better match, – said Vronskiy, and straightening his chest, again started pacing. – However, I him do not know, – added he. – Yes, this is a hard position! From this very the majority prefers to associate with Claras. There a failure proves only that you lacked money, and here – your dignity on the scales. However, here is the train.

Indeed, far was already whistling a steam engine. After several minutes the platform shook and, puffing beaten downwards from the frost steam, rode a steam engine with a slowly and evenly bending and stretching lever of the middle wheel and the bowing, tied around, covered with hoarfrost, engine driver; and behind the tender, still slower

медленнее и более потрясая платформу, стал проходить вагон с багажом и с визжавшею собакой; наконец, подрагивая пред остановкой, подошли пассажирские вагоны.

Молодцеватый кондуктор, на ходу давая свисток, соскочил, и вслед за ним стали по одному сходить нетерпеливые пассажиры: гвардейский офицер, держась прямо и строго оглядываясь; вертлявый купчик с сумкой, весело улыбаясь; мужик с мешком через плечо.

Вронский, стоя рядом с Облонским, оглядывал вагоны и выходивших и совершенно забыл о матери. То, что он сейчас узнал про Кити, возбуждало и радовало его. Грудь его невольно выпрямлялась, и глаза блестели. Он чувствовал себя победителем.

– Графиня Вронская в этом отделении, – сказал молодцеватый кондуктор, подходя к Вронскому.

Слова кондуктора разбудили его и заставили вспомнить о матери и предстоящем свидании с ней. Он в душе своей не уважал матери и, не отдавая себе в том отчёта, не любил её, хотя по понятиям того круга, в котором жил, по воспитанию своему, не мог себе представить других к матери отношении, как в высшей степени покорных и почтительных, и тем более внешне покорных и почтительных, чем менее в душе он уважал и любил её.

and shaking the platform, began passing the carriage with luggage and with a squealing dog; finally, trembling before the stop, approached passenger carriages.

A dashing conductor, on the move giving a whistle, jumped off, and following him began one by one getting off impatient passengers: a guard officer, holding straight and strictly looking around; a fidgety merchant with a bag, cheerfully smiling; a man with a sack over the shoulder.

Vronskiy, standing now next to Oblonskiy, was looking over the carriages and the exiting /people/ and utterly forgot about mother. That, what he now learnt about Kity, excited and gladdened him. The chest of his involuntarily straightened, and eyes were shining. He felt himself a winner.

— Countess Vronskaya is in this compartment, — said the dashing conductor, approaching Vronskiy.

The words of the conductor woke him up and made him remember about mother and the forthcoming date with her. He in the soul of his, did not respect mother and, not giving himself in that an account, did not love her, although by the notions of that circle, in which he lived, by the upbringing of his, could not to himself imagine other to mother attitudes, than in the highest degree meek and respectful, and even the more so on the outside meek and respectful, the less in the soul he respected and loved her.

## XXIII

Вронский с Кити прошёл несколько туров вальса. После вальса Кити подошла к матери и едва успела сказать несколько слов с Нордстон, как Вронский уже пришёл за ней для первой кадрили. Во время кадрили ничего значительного не было сказано, шел прерывистый разговор то о Корсунских, муже и жене, которых он очень забавно описывал, как милых сорокалетних детей, то о будущем общественном театре, и только один раз разговор затронул её за живое, когда он спросил о Левине, тут ли он, и прибавил, что он очень понравился ему. Но Кити и не ожидала большего от кадрили. Она ждала с замиранием сердца мазурки. Ей казалось, что в мазурке все должно решиться. То, что он во время кадрили не пригласил её на мазурку, не тревожило её. Она была уверена, что она танцует мазурку с ним, как и на прежних балах, и пятерым отказала мазурку, говоря, что танцует. Весь бал до последней кадрили был для Кити волшебным сновидением радостных цветов, звуков и движений. Она не танцевала, только когда чувствовала себя слишком усталою и просила отдыха. Но, танцуя последнюю кадриль с одним из скучных юношей, которому нельзя было отказать, ей случилось быть vis-a-vis с Вронским и Анной. Она не сходилась с Анной с самого приезда и тут вдруг увидала её опять совершенно новою и неожиданною. Она увидала в ней столь знакомую ей самой черту возбуждения от успеха. Она видела, что Анна пьяна вином возбуждаемого ею восхищения. Она знала это чувство и знала его признаки и видела их на Анне – видела дрожащий, вспыхивающий блеск в глазах и улыбку счастья и возбуждения, невольно изгибающую губы, и отчётливую грацию, верность и лёгкость движений.

"Кто? – спросила она себя. – Все или один?" И, не помогая мучившемуся юноше, с которым она танцевала, в разговоре, нить

# XXIII

Vronskiy with Kity went several turns of waltz. After waltz, Kity approached the mother and hardly had time to say a few words with Nordston, as Vronskiy already came for her for the first quadrille. In the time of quadrille nothing significant was said, was going a discontinuous conversation now about the Korsunskiye, a husband and a wife, whom he very funnily described as cute forty-years-old children, and then about the future public theatre, and only one time the conversation touched her on the raw, when he asked about Levin, here whether he, and added that he very much appealed to him. But Kitty did not expect more from quadrille. She was waiting with a fading heart for mazurka. To her /it/ seemed that in mazurka everything must solve. That, that at the time of the quadrille he did not invite her to mazurka did not trouble her. She was sure that she dances mazurka with him, like at previous balls, and to five refused mazurka, saying that /she/ dances. The whole ball before the final quadrille was for Kity a magic dream of cheerful colours, sounds and movements. She did not dance only when felt herself too tired and asked for rest. But, dancing the final quadrille with one of the boring youth, whom impossible /it/ was to refuse, to her happened to be vis-à-vis with Vronskiy and Anna. She had not meet Anna since the very arrival and here suddenly saw her again entirely new and unexpected. She saw in her so familiar to her herself trait of excitement from success. She saw that Anna was drunk with the wine of excited by her admiration. She knew this feeling and knew its signs and saw them on Anna – saw the trembling, flickering shine in the eyes and the smile of happiness and excitement, involuntarily curving the lips, and a distinct grace, accuracy and ease of movements.

"Who?" – asked she herself. – All or one?" And, not helping the suffering youth, with whom she was dancing, in a conversation, the

которого он упустил и не мог поднять, и наружно подчиняясь весело-громким повелительным крюкам Корсунского, то бросающего всех в grand rond, то в chaine, она наблюдала, и сердце её сжималось больше и больше. "Нет, это не любованье толпы опьянило её, а восхищение одного. И этот один? неужели это он?" Каждый раз, как он говорил с Анной, в глазах её вспыхивал радостный блеск, и улыбка счастья изгибала её румяные губы. Она как будто делала усилие над собой, чтобы не выказывать этих признаков радости, но они сами собой выступали на её лице. "Но что он?" Кити посмотрела на него и ужаснулась. То, что Кити так ясно представлялось в зеркале лица Анны, она увидела на нём. Куда делась его всегда спокойная, твёрдая манера и беспечно спокойное выражение лица? Нет, он теперь каждый раз, как обращался к ней, немного сгибал голову, как бы желая пасть пред ней, и во взгляде его было одно выражение покорности и страха. "Я не оскорбить хочу, – каждый раз как будто говорил его взгляд, – но спасти себя хочу, и не знаю как". На лице его было такое выражение, которого она никогда не видала прежде.

Они говорили об общих знакомых, вели самый ничтожный разговор, но Кити казалось, что всякое сказанное ими слово решало их и её судьбу. И странно то, что хотя они действительно говорили о том, как смешон Иван Иванович своим французским языком, и о том, что для Елецкой можно было бы найти лучше партию, а между тем эти слова имели для них значение, и они чувствовали это так же, как и Кити. Весь бал, весь свет, все закрылось туманом в душе Кити. Только пройденная ею строгая школа воспитания поддерживала её и заставляла делать то, чего от неё требовали, то есть танцевать, отвечать на вопросы, говорить, даже улыбаться. Но пред началом мазурки, когда уже стали расставлять стулья и некоторые пары двинулись из маленьких в большую залу, на Кити нашла минута отчаяния и ужаса. Она отказала пятерым и

thread of which he lost and could not pick up, and on the outside obeying cheerfully-loud hooks of Korsunskiy, now throwing everyone in the grand rond, and then into chaine, she observed, and the heart of hers shrank more and more. "No, it is not the admiration of the crowd intoxicated her, but the admiration of one. And this one? Could it be he?" Every time that he talked to Anna, in the eyes of hers flashed joyous shine, and a smile of happiness curved her rosy lips. She as if made an effort over herself, so as not to show these signs of joy, but they by themselves came out on her face. "But what is he?" Kity looked at him and got horrified. That, what to Kitty so clearly presented itself in the mirror of the face of Anna, she saw on him. Where had gone his always calm firm manner and a carelessly quiet expression of the face. No, he now every time as he addressed her, a little bent his head, as if wishing to fall in front of her, and in the gaze of his was one expression of submission and fear. "I not to insult want, – each time as if was saying his gaze, – but to save myself /I/ want to, and don't know how." On the face of his was such an expression, which she had never seen before.

They were talking about common acquaintances, were having the most insignificant conversation, but to Kity it seemed that each said by them word decided their and her fate. And strange /is/ that, that although they really were talking about that, how funny Ivan Ivanovich with his French language, and about that, that for Yeletskaya could be possible to find a better match, but meanwhile these words had for them meaning, and they felt it the same as Kity. The whole ball, the whole light, all was covered with a fog in the soul of Kity. Only the passed by her strict school of upbringing was supporting her and making her do that, which from her required, that is to dance, answer the questions, speak, even smile. But before the beginning of mazurka, when already became arranging the chairs and some couples moved from small to a grand hall, on Kity came over a minute of despair and

теперь не танцевала мазурки. Даже не было надежды, чтоб её пригласили, именно потому, что она имела слишком большой успех в свете, и никому в голову не могло прийти, чтоб она не была приглашена до сих пор. Надо было сказать матери, что она больна, и уехать домой, но на это у неё не было силы. Она чувствовала себя убитою.

Она зашла в глубь маленькой гостиной и опустилась на кресло. Воздушная юбка платья поднялась облаком вокруг её тонкого стана; одна обнажённая, худая, нежная девичья рука, бессильно опущенная, утонула в складках розового тюника; в другой она держала веер и быстрыми, короткими движениями обмахивала своё разгорячённое лицо. Но, вопреки этому виду бабочки, только что уцепившейся за травку и готовой, вот-вот вспорхнув, развернуть радужные крылья, страшное отчаяние щемило ей сердце.

"А может быть, я ошибаюсь, может быть этого не было?"

И она опять вспоминала все, что она видела.

— Кити, что ж это такое? — сказала графиня Нордстон, по ковру неслышно подойдя к ней. — Я не понимаю этого.

У Кити дрогнула нижняя губа; она быстро встала.

— Кити, ты не танцуешь мазурку?

— Нет, нет, — сказала Кити дрожащим от слез голосом.

— Он при мне звал её на мазурку, — сказала Нордстон, зная, что Кити поймёт, кто он и она. — Она сказала: разве вы не танцуете с княжной Щербацкой?

— Ах, мне все равно! — отвечала Кити.

Никто, кроме её самой, не понимал её положения, никто не знал того, что она вчера отказала человеку, которого она, может быть, любила, и отказала потому, что верила в другого.

Графиня Нордстон нашла Корсунского, с которым она танцевала мазурку, и велела ему пригласить Кити.

Кити танцевала в первой паре, и, к её счастью, ей не надо было

terror. She refused to five and now was not dancing mazurka. Even was no hope so that her /they/ invited, exactly because she had too big a success in the society, and to nobody in the head could occur that she was not invited by that time. Should tell the mother that she ill, and go home, but for this in her /there/was no strength. She felt herself crushed.

She came into the depth of the small sitting room and lowered on the armchair. An airy skirt of the dress rose in a cloud around her slender waist; one naked, thin, tender girl arm, powerlessly lowered, sank in the folds of a pink tutu; in the other she was holding a fan and with quick short movements was waving her heated face. But, despite this look of a butterfly, just grasping on the grass and ready, about to fly up, to spread the rainbow wings, horrible despair was aching in the heart.

"And maybe I am mistaken, maybe this was not?"

And she again remembered all that she had seen.

– Kity, what is this such? – said countess Nordston, on the carpet soundlessly approaching her. – I do not understand this.

With Kity trembled her lower lip; she quickly stood up.

– Kity, are you not dancing mazurka?

– No, no, – said Kity in a trembling from tears voice.

– He in my presence called her to mazurka, – said Nordston, knowing that Kity will understand who he and she. – She said, are you not dancing with Countess Shcherbatskaya?

– Ah, to me it is all indifferent! – replied Kitty.

Nobody except herself understood her position, nobody knew that, that she yesterday refused the person whom she, maybe, loved and refused because she believed in the other.

Countess Nordston found Korsunskiy, with whom she was dancing mazurka and ordered him to invite Kity.

Kity was dancing in the first couple, and to her happiness, she did

говорить, потому что Корсунский все время бегал, распоряжаясь по своему хозяйству. Вронский с Анной сидели почти против неё. Она видела их своими дальнозоркими глазами, видела их и вблизи, когда они сталкивались в парах, и чем больше она видела их, тем больше убеждалась, что несчастие её свершилось.

Она видела, что они чувствовали себя наедине в этой полной зале. И на лице Вронского, всегда столь твёрдом и независимом, она видела то поразившее её выражение потерянности и покорности, похожее на выражение умной собаки, когда она виновата.

Анна улыбалась, и улыбка передавалась ему. Она задумывалась, и он становился серьёзен. Какая-то сверхъестественная сила притягивала глаза Кити к лицу Анны. Она была прелестна в своём простом чёрном платье, прелестны были её полные руки с браслетами, прелестна твёрдая шея с ниткой жемчуга, прелестны вьющиеся волосы расстроившейся причёски, прелестны грациозные лёгкие движения маленьких ног и рук, прелестно это красивое лицо в своём оживлении; но было что-то ужасное и жестокое в её прелести.

Кити любовалась ею ещё более, чем прежде, и все больше и больше страдала. Кити чувствовала себя раздавленною, и лицо её выражало это. Когда Вронский увидал её, столкнувшись с ней в мазурке, он не вдруг узнал её – так она изменилась.

– Прекрасный бал! – сказал он ей, чтобы сказать чего-нибудь.

– Да, – отвечала она.

В середине мазурки, повторяя сложную фигуру, вновь выдуманную Корсунским, Анна вышла на середину круга, взяла двух кавалеров и подозвала к себе одну даму и Кити. Кити испуганно смотрела на неё, подходя. Анна, прищурившись, смотрела на неё и улыбнулась, пожав ей руку. Но заметив, что лицо Кити только выражением отчаяния и удивления ответило на её улыбку, она отвернулась от неё и весело заговорила с другою дамой.

not need to talk, because Korsunskiy all the time was running, ordering his household. Vronskiy with Anna were sitting almost opposite her. She saw them with her far-sighted eyes, saw them and near, when they ran into in couples, and the more she saw them, the more she convinced that the unhappiness of her had occurred.

She saw that they felt themselves alone in this full hall. And on the face of Vronskiy, always so firm and independent, she saw that amazing her expression of loss and submission, similar to the expression of a clever dog, when it is guilty.

Anna smiled, and the smile passed on to him. She became thoughtful, and he became serious. Some supernatural power attracted the eyes of Kity to the face of Anna. She was lovely in her simple black dress, lovely were here plump arms with bracelets, lovely a firm neck with a string of pearls, lovely curly hair of the disheveled hairstyle, lovely the graceful light movements of small feet and hands, lovely this beautiful face in its liveliness; but was something terrible and cruel in her loveliness.

Kity was admiring her even more than before, and still more and more was suffering. Kity felt herself crushed, and the face of hers expressed this. When Vronskiy saw her, running into her in mazurka, he did not at once recognize her – so she had changed.

– A lovely ball! – said he to her, so that to say something.

– Yes, – replied she.

In the middle of mazurka, repeating a complicated figure, again thought out by Korsunskiy, Anna went into the middle of the circle, took two partners and called to her one lady and Kity. Kity frighteningly looked at her, approaching. Anna, squinting, looked at her and smiled, pressing her hand. But noticing that the face of Kity only with an expression of despair and surprise answered to her smile, she turned away from her and cheerfully talked to the other lady.

"Да, что-то чуждое, бесовское и прелестное есть в ней", – сказала себе Кити.

Анна не хотела оставаться ужинать, но хозяин стал просить её.

– Полно, Анна Аркадьевна, – заговорил Корсунский, забирая её обнажённую руку под рукав своего фрака. – Какая у меня идея котильона! Un bijou!

И он понемножку двигался, стараясь увлечь её. Хозяин улыбался одобрительно.

– Нет, я не останусь, – ответила Анна улыбаясь; но, несмотря на улыбку, и Корсунский и хозяин поняли по решительному тону, с каким она отвечала, что она не останется.

– Нет, я и так в Москве танцевала больше на вашем одном бале, чем всю зиму в Петербурге, – сказала Анна, оглядываясь на подле неё стоявшего Вронского. – Надо отдохнуть перед дорогой.

– А вы решительно едете завтра? – спросил Вронский.

– Да, я думаю, – отвечала Анна, как бы удивляясь смелости его вопроса; но неудержимый дрожащий блеск глаз и улыбки обжёг его, когда она говорила это.

Анна Аркадьевна не осталась ужинать и уехала.

"Yes, something alien, devilish and lovely is in her," – said to herself Kity.

Anna did not want to stay to dine, but the host began asking her.

– Enough! Anna Arkadiyevna, – spoke Korsunskiy, taking her bare hand under the sleeve of his tailcoat. – Such in me an idea of cotillion! Un bijou!

And he a little moved, trying to attract her. The host was smiling approvingly.

– No, I will not stay, – replied Anna smiling; but despite the smile both Korsunskiy and the host understood by the firm tone with which she answered that she will not stay.

– No, I as it is in Moscow danced more at your one ball, than in the whole winter in Petersburg, – said Anna, looking back at the beside her standing Vronskiy. – Need to rest before the road.

– And are you decisively going tomorrow? – asked Vronskiy.

– Yes, I think, – replied Anna, as if surprised at the boldness of his question; but the irrepressible trembling shine of eyes and a smile burnt him, when she was saying this.

Anna Arkadiyevna did not stay to dine and left.

# ЧАСТЬ ВТОРАЯ

## XI

То, что почти целый год для Вронского составляло исключительно одно желанье его жизни, заменившее ему все прежние желания; то, что для Анны было невозможною, ужасною и тем более обворожительною мечтою счастия, – это желание было удовлетворено. Бледный, с дрожащею нижнею челюстью, он стоял над нею и умолял успокоиться, сам не зная, в чем и чем.

– Анна! Анна! – говорил он дрожащим голосом. – Анна, ради бога!…

Но чем громче он говорил, тем ниже она опускала свою когда-то гордую, весёлую, теперь же постыдную голову, и она вся сгибалась и падала с дивана, на котором сидела, на пол, к его ногам; она упала бы на ковёр, если б он не держал её.

– Боже мой! Прости меня! – всхлипывая, говорила она, прижимая к своей груди его руки.

Она чувствовала себя столь преступною и виноватою, что ей оставалось только унижаться и просить прощения: а в жизни теперь, кроме его, у ней никого не было, так что она и к нему обращала свою мольбу о прощении. Она, глядя на него, физически чувствовала своё унижение и ничего больше не могла говорить. Он же чувствовал то, что должен чувствовать убийца, когда видит тело, лишённое им жизни. Это тело, лишённое им жизни, была их любовь, первый период их любви. Было что-то ужасное и отвратительное в воспоминаниях о том, за что было заплачено этою страшною ценой стыда. Стыд пред духовною наготою своей давил её и сообщался ему. Но, несмотря на весь ужас убийцы

# PART TWO

## XI

That, what almost a year for Vronskiy composed exclusively one desire of his life, substituting to him all the previous desires; that, what for Anna was an impossible, terrible and by that more enchanting dream of happiness, – this desire was satisfied. Pale, with a trembling lower jaw, he was standing over her and begging to calm down, himself not knowing in what and by what.

 – Anna! Anna! – was saying he in a trembling voice. – Anna, for God's sake! ...

But the louder he was talking, the lower she was lowering her once proud, cheerful, now ashamed head, and she all bent and fell off the sofa, on which she was sitting, on the floor to his feet; she have fallen would on the carpet, if would he have not been holding her.

 – Oh, my God! Forgive me! – sobbing was saying she, pressing to her chest his hands.

She was feeling herself so culpable and guilty that to her was left only to humiliate and beg forgiveness: and in the life now, apart from him, to her /there/ nobody was, so that she to him addressed her plea for forgiveness. She, looking at him, physically felt her humiliation and nothing more could speak. He was feeling that, what must feel a murderer when sees a body devoid by him of life. This body, devoid by him of life, was their love, the first period of their love. Was something horrible and disgusting in the reminiscences of that, for what was paid with this terrible price of shame. Shame before the spiritual nakedness of herself was pressing her and communicated to him. But, despite all the horror of a murderer in front of the body of the murdered, need to

пред телом убитого, надо резать на куски, прятать это тело, надо пользоваться тем, что убийца приобрёл убийством.

И с озлоблением, как будто со страстью, бросается убийца на это тело, и тащит, и режет его; так и он покрывал поцелуями её лицо и плечи. Она держала его руку и не шевелилась. Да, эти поцелуи – то, что куплено этим стыдом. Да, и эта одна рука, которая будет всегда моею, – рука моего сообщника. Она подняла эту руку и поцеловала её. Он опустился на колена и хотел видеть её лицо; но она прятала его и ничего не говорила. Наконец, как бы сделав усилие над собой, она поднялась и оттолкнула его. Лицо её было все так же красиво, но тем более было оно жалко.

– Все кончено, – сказала она. – У меня ничего нет, кроме тебя. Помни это.

– Я не могу не помнить того, что есть моя жизнь. За минуту этого счастья…

– Какое счастье! – с отвращением и ужасом сказала она, и ужас невольно сообщился ему. – Ради бога, ни слова, ни слова больше.

Она быстро встала и отстранилась от него.

– Ни слова больше, – повторила она, и с странным для него выражением холодного отчаяния на лице она рассталась с ним. Она чувствовала, что в эту минуту не могла выразить словами того чувства стыда, радости и ужаса пред этим вступлением в новую жизнь и не хотела говорить об этом, опошливать это чувство неточными словами. Но и после, и на другой и на третий день, она не только не нашла слов, которыми бы она могла выразить всю сложность этих чувств, но не находила и мыслей, которыми бы она сама с собой могла обдумать все, что было в её душе.

Она говорила себе: "Нет, теперь я не могу об этом думать; после, когда я буду спокойнее". Но это спокойствие для мыслей никогда не наступало; каждый раз, как являлась ей мысль о том,

cut in pieces, hide this body, need to use that, what the murderer has gained by killing.

And with exasperation, as if with passion, throws the murderer at this body, and pulls, and cuts it; and so he was covering with kisses her face and shoulders. She was holding his hand and not moving. Yes, these kisses – that what is bought by this shame. Yes, and this one hand, which will be always mine, – the hand of my accomplice. She lifted this hand and kissed it. He went down on his knees and wanted to see her face; but she was hiding it and nothing was saying. Finally, as if making an effort over herself, she stood up and pushed away him. The face of hers was still as beautiful, but by that the more was it miserable.

– All is over, – said she. – For me nothing is there, except you. Remember this.

– I cannot fail to remember that, what is my life. For a minute of this happiness…

– What happiness! – With disgust and terror said she, and the terror involuntarily communicated to him. – For the sake of God, not a word, not a word more.

She quickly stood up and pushed aside from him.

– Not a word more, – repeated she, and with a strange for him expression of cold despair on the face she parted with him. She felt that at this minute could not express by words that feeling of shame, joy and horror before this entering a new life and did not want to talk about it, vulgarizing this feeling with imprecise words. But after, and the next, and on the third day, she not only failed to find the words, with which would she be able to describe all the complexity of these feelings, but failed to find and thoughts, with which would she with herself be able to think over everything that was in her soul.

She was telling herself, "No, now I cannot think about this; after-wards, when I will be calmer." But this tranquility for thoughts never came; each time that occurred to her the thought about what she had

что она сделала, и что с ней будет, и что она должна сделать, на неё находил ужас, и она отгоняла от себя эти мысли.

– После, после, – говорила она, – когда я буду спокойнее.

Зато во сне, когда она не имела власти над своими мыслями, её положение представлялось ей во всей безобразной наготе своей. Одно сновиденье почти каждую ночь посещало её. Ей снилось, что оба вместе были её мужья, что оба расточали ей свои ласки. Алексей Александрович плакал, целуя её руки, и говорил: как хорошо теперь! И Алексей Вронский был тут же, и он был также её муж. И она, удивляясь тому, что прежде ей казалось это невозможным, объясняла им, смеясь, что это гораздо проще и что они оба теперь довольны и счастливы. Но это сновиденье, как кошмар, давило её, и она просыпалась с ужасом.

done and what with her will be and what she must do, upon her came horror, and she banished from herself these thoughts.

– Later, later, – was saying she, – when I will be calmer.

But in a dream, when she did not have the power over her thoughts, her position presented to her in all ugly nakedness of it. One dream almost every night visited her. To her dreamt that both together were her husbands, that both were lavishing to her their caresses. Aleksey Aleksandrovich was crying, kissing her hands and saying, "How good is now!" And Aleksey Vronskiy was there and he was also her husband. And she, surprised at that, that before to her seemed it impossible, ex-plained to them, laughing, that it is much simpler and that the both now are satisfied and happy. But this dream like a nightmare pressed her, and she woke up with horror.

## XXII

Ливень был непродолжительный, и, когда Вронский подъезжал на всей рыси коренного, вытягивавшего скакавших уже без вожжей по грязи пристяжных, солнце опять выглянуло, и крыши дач, старые липы садов по обеим сторонам главной улицы блестели мокрым блеском, и с ветвей весело капала, а с крыш бежала вода. Он не думал уже о том, как этот ливень испортит гипподром, но теперь радовался тому, что благодаря этому дождю наверное застанет её дома и одну, так как он знал, что Алексей Александрович, недавно вернувшийся с вод, не переезжал из Петербурга.

Надеясь застать её одну, Вронский, как он и всегда делал это, чтобы меньше обратить на себя внимание, слез, не переезжая мостика, и пошел пешком. Он не шел на крыльцо с улицы, но вошёл во двор.

— Барин приехал? — спросил он у садовника.

— Никак нет. Барыня дома. Да вы с крыльца пожалуйте; там люди есть, отопрут, — отвечал садовник.

— Нет, я из сада пройду.

И убедившись, что она одна, и желая застать её врасплох, так как он не обещался быть нынче и она, верно, не думала, что он приедет пред скачками, он пошёл, поддерживая саблю и осторожно шагая по песку дорожки, обсаженной цветами, к террасе, выходившей в сад. Вронский теперь забыл все, что он думал дорогой о тяжести и трудности своего положения. Он думал об одном, что сейчас увидит её не в одном воображении, но живую, всю, какая она есть в действительности. Он уже входил, ступая во всю ногу, чтобы не шуметь, по отлогим ступеням террасы, когда вдруг вспомнил то, что он всегда забывал, и то, что составляло самую мучительную сторону его отношений к ней, — её сына с его вопрошающим,

## XXII

The downpour was not long, and when Vronskiy approached at full trot of the wheel horse, pulling racing already without any reins through dirt trace horses, the sun again looked out; and the roofs of country houses, old limes of the gardens on both sides of the mains street were glittering with wet shine, and from branches cheerfully was dripping and from the roofs was running water. He did not think already about how this downpour will spoil the hippodrome, but now was rejoicing at that, that due to this rain surely will find her home and alone, because he knew that Aleksey Aleksandrovich, recently returning from the waters, did not move from Petersburg.

Hoping to find her alone, Vronskiy as he always did this in order to less pay to himself the attention, dismounted, not crossing the bridge and went on foot. He did not go to the porch from the street, but came into the yard.

– Has the master arrived? – asked he the gardener.

– No way, not. Madam is home. And you from the porch are welcome; there people are, will unlock, – replied the gardener.

– No, I from the garden will come.

And making sure that she is alone, and wishing to catch her unawares because he did not promise to be today and she, surely, did not think that he will come before the races, he went, holding the sabre and carefully stepping on the sand of the path, planted with flowers, to the terrace, facing the garden. Vronskiy now forgot all that he had been thinking on the way about the gravity and difficulty of his position. He was thinking about one, that now he will see her not in single imagination, but alive, all how she is in reality. He was already ascending, walking in full step, so as not to make noise, on the sloping steps of the terrace, when suddenly remembered that, what he always forgot, and that what composed the most excruciating side of his relations with

противным, как ему казалось, взглядом.

Мальчик этот чаще всех других был помехой их отношений. Когда он был тут, ни Вронский, ни Анна не только не позволяли себе говорить о чём-нибудь таком, чего бы они не могли повторить при всех, но они не позволяли себе даже и намёками говорить то, чего бы мальчик не понял. Они не сговаривались об этом, но это установилось само собою. Они считали бы оскорблением самих себя обманывать этого ребёнка. При нем они говорили между собой как знакомые. Но, несмотря на эту осторожность, Вронский часто видел устремлённый на него внимательный и недоумевающий взгляд ребёнка и странную робость, неровность, то ласку, то холодность и застенчивость в отношении к себе этого мальчика. Как будто ребёнок чувствовал, что между этим человеком и его матерью есть какое-то важное отношение, значения которого он понять не может.

Действительно, мальчик чувствовал, что он не может понять этого отношения, и силился и не мог уяснить себе то чувство, которое он должен иметь к этому человеку. С чуткостью ребёнка к проявлению чувства он ясно видел, что отец, гувернантка, няня – все не только не любили, но с отвращением и страхом смотрели на Вронского, хотя и ничего не говорили про него, а что мать смотрела на него, как на лучшего друга.

"Что же это значит? Кто он такой? Как надо любить его? Если я не понимаю, я виноват, или я глупый, или дурной мальчик", – думал ребёнок; и от этого происходило его испытующее, вопросительное, отчасти неприязненное выражение, и робость, и неровность, которые так стесняли Вронского. Присутствие этого ребёнка всегда и неизменно вызывало во Вронском то странное чувство беспричинного омерзения, которое он испытывал последнее время. Присутствие этого ребёнка вызывало во Вронском и в Анне чувство, подобное чувству мореплавателя, видящего по компасу, что направление, по которому он быстро

her, – her son with his questioning disgusting, as to him seemed, gaze.

Boy this more often than all the other was a hindrance to their relationships. When he was here, neither Vronskiy, nor Anna not only refrained from allowing themselves to talk about something that, what would they not be able to repeat in the presence of everyone, but they did not allow themselves even by hints to say that, what would the boy not understand. They did not arrange about this, but it settled itself. They would consider an insult to themselves to deceive this child. In his presence, they talked with each other as acquaintances. But despite this precaution, Vronskiy often saw directed upon him attentive and bewildered gaze of the child and strange timidity, unevenness, then tenderness and then coldness and shyness in the attitude to him of this boy. As if the child felt that between this person and his mother is some important relation, the meaning of which he understand cannot.

Really, the boy felt that he cannot understand this relation and strained but could not comprehend to himself that feeling, which he must have for this person. With the sensitivity of a child to showing feeling, he clearly saw that father, governess, nanny – all not only disliked, but with disgust and fear looked at Vronskiy, although nothing did not say about him, but that mother looked at him as on the best friend.

"What does this mean? Who is he so? How do /I/ need to love him? If I do not understand, I am guilty or I am stupid or a bad boy," – was thinking the child; and from it originated his searching, questioning, partially hostile expression, and timidity and unevenness, which so embarrassed Vronskiy. The presence of this child always and invariably evoked in Vronskiy that weird feeling of causeless disgust, which he has been experiencing experienced in recent time. The presence of this child caused in Vronskiy and in Anna the feeling similar to the feeling of a sailor, seeing on a compass that the direction, in which he quickly is moving, far di-

движется, далеко расходится с надлежащим, но что остановить движение не в его силах, что каждая минута удаляет его больше и больше от должного направления и что признаться себе в отступлении – все равно, что признаться в погибели.

Ребёнок этот с своим наивным взглядом на жизнь был компас, который показывал им степень их отклонения от того, что они знали, но не хотели знать.

На этот раз Серёжи не было дома, она была совершенно одна и сидела на террасе, ожидая возвращения сына, ушедшего гулять и застигнутого дождём. Она послала человека и девушку искать его и сидела ожидая. Одетая в белое с широким шитьём платье, она сидела в углу террасы за цветами и не слыхала его. Склонив свою чернокурчавую голову, она прижала лоб к холодной лейке, стоявшей на перилах, и обеими своими прекрасными руками, со столь знакомыми ему кольцами, придерживала лейку. Красота всей её фигуры, головы, шеи, рук каждый раз, как неожиданностью, поражала Вронского. Он остановился, с восхищением глядя на неё. Но только что он хотел ступить шаг, чтобы приблизиться к ней, она уже почувствовала его приближение, оттолкнула лейку и повернула к нему своё разгорячённое лицо.

– Что с вами? Вы нездоровы? – сказал он по-французски, подходя к ней. Он хотел подбежать к ней; но, вспомнив, что могли быть посторонние, оглянулся на балконную дверь и покраснел, как он всякий раз краснел, чувствуя, что должен бояться и оглядываться.

– Нет, я здорова, – сказала она, вставая и крепко пожимая его протянутую руку. – Я не ждала… тебя.

– Боже мой! какие холодные руки! – сказал он.

– Ты испугал меня, – сказала она. – Я одна и жду Серёжу, он пошёл гулять; они отсюда придут.

Но, несмотря на то, что она старалась быть спокойна, губы её тряслись.

verges from the proper, but that to stop the movement is not in his powers, that every minute distances him more and more from the due direction and that to admit to oneself in retreat is the same as to admit a perdition.

This child with his naïve view on life was a compass, which showed them the degree of their diversion from that, what they knew but did not want to know.

This time Serezha was not home, she was completely alone and was sitting on a terrace, awaiting the return of the son, going for a walk and caught by rain. She sent a man and a girl to look for him and sat waiting. Dressed in white with wide needlework dress, she was sitting in the corner of the terrace behind the flowers and did not hear him. Bending her dark-curly head, she pressed the forehead to the cold hand shower, standing on the railing, and with both her beautiful hands with so familiar to him rings was holding the hand shower. The beauty of all her figure, of the head, of the neck, of the hands each time, as unexpected, struck Vronskiy. He stopped, with admiration looking at her. But only that he wanted to walk a step, in order to approach her, she already felt his approach, pushed away the hand shower and turned to him her hot face.

—  What is with you? Are you unhealthy? – said he in French coming to her. He wanted to run to her; but remembering that could be strangers, looked back at the balcony door and blushed like he every time blushed, feeling that must fear and look around.

—  No, I am healthy, – said she, standing up and firmly shaking his stretched hand. – I did not expect… you.

—  Oh, my God! What cold hands! – said he.

—  You scared me, – said she. – I am alone and waiting for Serezha, he went for a walk; they from here will come.

But, in spite of that, that she was trying to be calm, the lips of hers were shaking.

– Простите меня, что я приехал, но я не мог провести дня, не видав вас, – продолжал он по-французски, как он всегда говорил, избегая невозможно-холодного между ними вы и опасного ты по-русски.

– За что ж простить? Я так рада!

– Но вы нездоровы или огорчены, – продолжал он, не выпуская её руки и нагибаясь над нею. – О чем вы думали?

– Все об одном, – сказала она с улыбкой.

Она говорила правду. Когда бы, в какую минуту ни спросили бы её, о чем она думала, она без ошибки могла ответить: об одном, о своём счастье и о своём несчастье. Она думала теперь именно, когда он застал её, вот о чем: она думала, почему для других, для Бетси например (она знала её скрытую для света связь с Тушкевичем), все это было легко, а для неё так мучительно? Нынче эта мысль, по некоторым соображениям, особенно мучала её. Она спросила его о скачках. Он отвечал ей и, видя, что она взволнована, стараясь развлечь её, стал рассказывать ей самым простым тоном подробности приготовления к скачкам.

"Сказать или не сказать? – думала она, глядя в его спокойные ласковые глаза. – Он так счастлив, так занят своими скачками; что не поймёт этого как надо, не поймёт всего значения для нас этого события".

– Но вы не сказали, о чем вы думали, когда я вошёл, – сказал он, перервав свой рассказ, – пожалуйста, скажите!

Она не отвечала и, склонив немного голову, смотрела на него исподлобья вопросительно своими блестящими из-за длинных ресниц глазами. Рука её, игравшая со рванным листом, дрожала. Он видел это, и лицо его выразило ту покорность, рабскую преданность, которая так подкупала её.

– Я вижу, что случилось что-то. Разве я могу быть минуту спокоен, зная, что у вас есть горе, которого я не разделяю?

— Forgive me that I have come, but I could not spend a day not seeing you, — continued he in French, as he always said, avoiding the impossibly-cold between them "You" and the dangerous "you" in Russian.

— For what to forgive? I am so glad!

— But you are unhealthy or sad, — continued he, not letting out her hand and bending over her. — About what were you thinking?

— All about one, — said she with a smile.

She was telling the truth. Whenever, in whatever minute would ask her about what she was thinking, she without a mistake could answer about one, about her happiness and about her unhappiness. She was thinking now exactly, when he caught her, that is about what: she was thinking why for others, for Betsy, for example (she knew her concealed for the society affair with Tushkevich), all this was easy, and for her so excruciating? Today this thought, by some particular considerations was tormenting her. She asked him about the races. He answered her and seeing that she is worried, trying to amuse her, began telling her in the simplest tone the details of preparing for the races.

"To say or not to say?" — was thinking she, looking in his calm affectionate eyes. — He is so happy, so busy with his races; that will not understand this as needs to, will not understand the whole meaning for us of this event."

— But you did not say about what you were thinking when I entered, — said he, interrupting his story, — please, say!

She did not reply, and bending a little the head, was looking at him from under the brows questioningly with her shining behind the long lashes eyes. The hand of hers, playing with a torn leaf, was shaking. He saw this and the face of his expressed that submissiveness, slave loyalty, which so won over her.

— I see that has happened something. Really, can I be a minute calm knowing that you have grief, which I do not share? Say, for God's

Скажите ради бога! - умоляюще повторил он.

"Да, я не прощу ему, если он не поймёт всего значения этого. Лучше не говорить, зачем испытывать?" – думала она, все так же глядя на него и чувствуя, что рука её с листком все больше и больше трясётся.

– Ради бога! – повторил он, взяв её руку.

– Сказать?

– Да, да, да…

– Я беременна, – сказала она тихо и медленно.

Листок в её руке задрожал ещё сильнее, но она не спускала с него глаз, чтобы видеть, как он примет это. Он побледнел, хотел что-то сказать, но остановился, выпустил её руку и опустил голову. "Да, он понял все значение этого события", – подумала она и благодарно пожала ему руку.

Но она ошиблась в том, что он понял значение известия так, как она, женщина, его понимала. При этом известии он с удесятерённою силой почувствовал припадок этого странного, находившего на него чувства омерзения к кому-то; но вместе с тем он понял, что тот кризис, которого он желал, наступит теперь, что нельзя более скрывать от мужа, и необходимо так или иначе разорвать скорее это неестественное положение. Но, кроме того, её волнение физически сообщалось ему. Он взглянул на неё умилённым, покорным взглядом, поцеловал её руку, встал и молча прошёлся по террасе.

– Да, – сказал он, решительно подходя к ней. – Ни я, ни вы не смотрели на наши отношения как на игрушку, а теперь наша судьба решена. Необходимо кончить, – сказал он, оглядываясь, – ту ложь, в которой мы живём.

– Кончить? Как же кончить, Алексей? – сказала она тихо.

Она успокоилась теперь, и лицо её сияло нежною улыбкой.

sake! Begging repeated he.

"Yes, I will not forgive him, if he does not understand the whole meaning of this. Better not to say, why test?" – was thinking she, still the same looking at him and feeling that the hand of hers with a leaf all the more and more is shaking.

–    For God's sake! – repeated he, taking her hand.

–    To say?

–    Yes, yes, yes…

–    I am pregnant, – said she quietly and slowly.

The leaf in her hand shook even stronger, but she was not taking off him the eyes in order to see how he will accept this. He went pale, wanted something to say, but stopped, let go of her hand and lowered his head. "Yes, he understood the whole meaning of this event," – thought she and gratefully pressed his hand.

But she was mistaken in that, that he understood the meaning of the news so as she, a woman, it comprehended. At this news he with a tenfold strength felt a fit of this strange, coming over him feeling of loathing to someone; but together with that he understood that that crisis, which he desired, will come now, that /it is/ impossible anymore to hide from the husband, and is necessary this or that way to tear sooner this unnatural state. But, besides that, her agitation physically communicated to him. He glanced at her with a touched submissive look, kissed her hand, stood up and silently walked along the terrace.

– Yes, – said he decisively approaching her. – Neither I nor you looked upon our relations as upon a toy, and now own fate is decided. It is necessary to end, – said he, looking around, – that lie in which we are living.

– To end? How to end, Aleksey? – said she quietly.

She calmed down now, and the face of hers was shining with a tender smile.

— Оставить мужа и соединить нашу жизнь.

— Она соединена и так, — чуть слышно отвечала она.

— Да, но совсем, совсем.

— Но как, Алексей, научи меня, как? – сказала она с грустною насмешкой над безвыходностью своего положения. – Разве есть выход из такого положения? Разве я не жена своего мужа?

— Из всякого положения есть выход. Нужно решиться, – сказал он. – Все лучше, чем то положение, в котором ты живёшь. Я ведь вижу, как ты мучаешься всем, и светом, и сыном, и мужем.

— Ах, только не мужем, – с простою усмешкой сказала она. – Я не знаю, я не думаю о нем. Его нет.

— Ты говоришь неискренно. Я знаю тебя. Ты мучаешься и о нем.

— Да он и не знает, – сказала она, и вдруг яркая краска стала выступать на её лицо; щёки, лоб, шея её покраснели, и слёзы стыда выступили ей на глаза. – Да и не будем говорить об нем.

– To leave the husband and to join our life.

–   It is joined as it is, – hardly heard replied she.

–   Yes, but completely, completely.

– But how, Aleksey, teach me how? – said she with a sad mock over the hopelessness of her position. – Really is there a way out of such a state? Really am I not the wife of my husband?

– Out of every state there is a way out. Need to venture, – said he. – All better than that position in which you are living. I see how you are tormenting from all, and society, and the son, and the husband.

– Ah, only not from the husband, – with a simple grin said she. – I do not know, I do not think about him. Him /there/ is not.

– You are saying insincerely. I know you. You are suffering and about him.

–   But he does not know, – said she, and suddenly bright colour started coming out on her face; the cheeks, the forehead, the neck of hers blushed, and the tears of shame came out to her on the eyes. – Yes and will not talk about him.

## XXV

Всех офицеров скакало семнадцать человек. Скачки должны были происходить на большом четырехвёрстном эллиптической формы кругу пред беседкой. На этом кругу были устроены девять препятствий: река, большой, в два аршина, глухой барьер пред самою беседкой, канава сухая, канава с водою, косогор, ирландская банкетка, состоящая (одно из самых трудных препятствий) из вала, утыканного хворостом, за которым, невидная для лошади, была ещё канава, так что лошадь должна была перепрыгнуть оба препятствия или убиться; потом ещё две канавы с водою и одна сухая, – и конец скачки был против беседки. Но начинались скачки не с круга, а за сто сажен в стороне от него, и на этом расстоянии было первое препятствие – запруженная река в три аршина шириною, которую ездоки по произволу могли перепрыгивать или переезжать вброд.

Раза три ездоки выравнивались, но каждый раз высовывалась чья-нибудь лошадь, и нужно было заезжать опять сначала. Знаток пускания, полковник Сестрин, начинал уже сердиться, когда, наконец, в четвёртый раз крикнул: "Пошёл!" – и ездоки тронулись.

Все глаза, все бинокли были обращены на пёструю кучку всадников, в то время как они выравнивались.

"Пустили! Скачут!" – послышалось со всех сторон после тишины ожидания. И кучки и одинокие пешеходы стали перебегать с места на место, чтобы лучше видеть. В первую же минуту собранная кучка всадников растянулась, и видно было, как они по два, по три и один за другим близятся к реке... Для зрителей казалось, что они все поскакали вместе; но для ездоков были секунды разницы, имевшие для них большое значение.

Взволнованная и слишком нервная Фру-Фру потеряла первый момент, и несколько лошадей взяли с места прежде её, но, ещё не доскакивая реки, Вронский, изо всех сил сдерживая влёгшую в

# XXV

All the officers were riding seventeen people. The races had to occur on the large four-verst of the elliptical shape circle in front of the pavilion. On this circle had been arranged nine obstacles: a river, a big in two arshins solid barrier in front of the itself pavilion, a ditch dry, a ditch with water, a slope, an Irish barricade consisting of (one of the most difficult obstacles) the mound stuck with brushwood, behind which, not seen for the horse was one more ditch, so that the horse had to jump over both obstacles or get killed; then two more ditches with water and one dry, – and the finish of the race was opposite the pavilion. But started the races not from the circle, but at a hundred sazhen aside from it, and at this distance was the first obstacle – a dammed river three arshins wide, which riders at will could jump over or ride ford.

Times three riders levelled, but each time protruded someone's horse and had to rise again from the start. The connoisseur of start, colonel Sestrin, was beginning already to get frustrated when, finally, the fourth time shouted, "Went!" – And the riders took off.

All the eyes, all binoculars were directed to the bright group of riders, at the time as they were levelling.

"Released! Are riding!" – was heard from all the sides after the silence of waiting. And groups and single pedestrians began running from place to place in order to better see. At the first very minute the gathered group of riders stretched, and seen was how they by two, by three and one after the other are nearing the river... For spectators seemed that they all rode together; but for riders were seconds of diferebce, having for them a big significance.

Excited and too nervous Fru-Fru lost the first moment and several horses took off from place before her, but not yet racing up to the river, Vronskiy out of all the powers holding the pulling in rails horse, eas-

поводья лошадь, легко обошёл трех, и впереди его остался только рыжий Гладиатор Махотина, ровно и легко отбивавший задом пред самим Вронским, и ещё впереди всех прелестная Диана, нёсшая ни живого ни мёртвого Кузовлёва.

В первые минуты Вронский ещё не владел ни собою, ни лошадью. Он до первого препятствия, реки, не мог руководить движениями лошади.

Гладиатор и Диана подходили вместе и почти в один и тот же момент: раз-раз, поднялись над рекой и перелетели на другую сторону; незаметно, как бы летя, взвилась за ними Фру-Фру, но в то самое время, как Вронский чувствовал себя на воздухе, он вдруг увидал, почти под ногами своей лошади, Кузовлёва, который барахтался с Дианой на той стороне реки (Кузовлёв пустил поводья после прыжка, и лошадь полетела с ним через голову). Подробности эти Вронский узнал уже после, теперь же он видел только то, что прямо под ноги, куда должна стать Фру-Фру, может попасть нога или голова Дианы. Но Фру-Фру, как падающая кошка, сделала на прыжке усилие ногами и спиной и, миновав лошадь, понеслась дальше.

“О, милая!” – подумал Вронский.

После реки Вронский овладел вполне лошадью и стал удерживать её, намереваясь перейти большой барьер позади Махотина и уже на следующей, беспрепятственной дистанции саженей в двести попытаться обойти его.

Большой барьер стоял пред самой царскою беседкой. Государь, и весь двор, и толпы народа – все смотрели на них – на него и на шедшего на лошадь дистанции впереди Махотина, когда они подходили к чёрту (так назывался глухой барьер). Вронский чувствовал эти направленные на него со всех сторон глаза, но он ничего не видел, кроме ушей и шеи своей лошади, бежавшей ему навстречу земли и крупа и белых ног Гладиатора, быстро

ily overtook three, and in front of him was left only red Gladiator of Makhotin, evenly and lightly beating with its booty in front of himself Vronskiy, and more ahead of all, lovely Diana, carrying more dead than alive Kuzovlev.

During the first minutes, Vronskiy not yet possessed either himself or the horse. He until the first obstacle, the river, could not lead the movements of the horse.

Gladiator and Diana were approaching together and almost at one and the same moment, once-once, rose over the river and flew to the other side; imperceptibly as if flying, reared after them Fru-Fru, but at that very time as Vronskiy felt himself in the air, he suddenly saw almost under the feet of his horse, Kuzovlev, who was wallowing with Diana on the other side of the river (Kuzovlev let go of the reins after the jump, and the horse flew with him over the head). These details Vronskiy learnt already after, now he saw only that, that straight under the feet where must stand Fru-Fru, may get the leg or the head of Diana. But Fru-Fru like a falling cat made at the jump an effort with the legs and the back and, passing the horse, rushed further.

"Oh, sweetie!" – thought Vronskiy.

After the river, Vronskiy got control quite over the horse and started holding it, intending to cross the big barrier behind Makhotin and already at the next unobstructed distance of sazhen two hundred to try to overcome him.

The big barrier stood in front of the very tsar pavilion. The sovereign and the whole court, and the crowds of people – all were looking at them – at him and at going at a horse's distance ahead Makhotin, when they were approaching the devil (this was called the solid barrier). Vronskiy felt those directed upon him from all the sides eyes, but he nothing saw except the ears and the neck of his horse, running him towards ground and the croup and white legs of Gladiator, quickly

отбивавших такт впереди его и остававшихся все в одном и том же расстоянии. Гладиатор поднялся, не стукнув ничем, взмахнил коротким **хвостом** и исчез из глаз Вронского.

– Браво! – сказал чей-то один голос.

В то же мгновение пред глазами Вронского, пред ним самим, мелькнули доски барьера. Без малейшей перемены движения лошадь взвилась под ним; доски скрылись, и только сзади стукнуло что-то. Разгорячённая шедшим впереди Гладиатором, лошадь поднялась слишком рано пред барьером и стукнула о него задним копытом. Но ход её не изменился, и Вронский, получив в лицо комок грязи, понял, что он стал опять в то же расстояние от Гладиатора. Он увидал опять впереди себя его круп, короткий хвост и опять те же неудаляющиеся, быстро движущиеся белые ноги.

В то самое мгновение, как Вронский подумал о том, что надо теперь обходить Махотина, сама Фру-Фру, поняв уже то, что он подумал, безо всякого поощрения, значительно наддала и стала приближаться к Махотину с самой выгодной стороны, со стороны верёвки. Махотин не давал верёвки. Вронский только подумал о том, что можно обойти и извне, как Фру-Фру переменила ногу и стала обходить именно таким образом. Начинавшее уже темнеть от пота плечо Фру-Фру поравнялось с крупом Гладиатора. Несколько скачков они прошли рядом. Но пред препятствием, к которому они подходили, Вронский, чтобы не идти большой круг, стал работать поводьями, и быстро, на самом косогоре, обошёл Махотина. Он видел мельком его лицо, забрызганное грязью. Ему даже показалось, что он улыбнулся. Вронский обошёл Махотина, но он чувствовал его сейчас же за собой и не переставая слышал за самою спиной ровный поскок и отрывистое, совсем ещё свежее дыханье ноздрей Гладиатора.

Следующие два препятствия, канава и барьер, были перейдены легко, но Вронский стал слышать ближе сап и скок

beating the rhythm ahead of him and staying still at one and the same distance. Gladiator rose, not hitting anything, whipped a short tail and disappeared off the eyes of Vronskiy.

– Bravo! – said someone's single voice.

At the same moment on front of the eyes of Vronskiy, in front of him himself glimpsed the planks of the barrier. Without the slightest change of movement, the horse reared under him; the planks disappeared, and only behind knocked something. Heated by going ahead Gladiator, the horse rose too early before the barrier and hit it with the back hoof. But the pace of her did not change, and Vronskiy, getting in the face a clump of dirt, realized that he stayed again at the same distance from Gladiator. He saw again ahead of him its croup, a short tail and again the same non-distancing fast moving white legs.

At that very moment when Vronskiy thought about that, that needs now to overtake Makhotin, herself Fru-Fru, realizing already that what he thought, without any encouragement, considerably sped up and started approaching Makhotin from the most advantageous side, from the side of the rope. Makhotin was not giving the rope. Vronskiy just thought about that that can overtake and outside, as Fru-Fru changed the leg and began overtaking exactly in this way. Starting already to darken from sweat the shoulder of Fru-Fru levelled with the croup of Gladiator. Several steps they went aside. But before the obstacle, to which they were coming, Vronskiy so as not to go a big circle, began working the reins, and quickly, on the very slope, overtook Makhotin, He saw in a glimpse his face spattered with dirt. To him even seemed that he smiled. Vronskiy overtook Makhotin, but he was feeling him immediately behind himself and not stopping was hearing behind the very back the even galloping and staccato, still very fresh breath of nostrils of Gladiator.

The next two obstacles, the ditch and the barrier, were crossed easily, but Vronskiy began hearing closer the sniff and the galloping of

Гладиатора. Он послал лошадь и с радостью почувствовал, что она легко прибавила ходу, и звук копыт Гладиатора стал слышен опять в том же прежнем расстоянии.

Вронский вел скачку – то самое, что он и хотел сделать и что ему советовал Корд, и теперь он был уверен в успехе. Волнение его, радость и нежность к Фру-Фру все усиливались. Ему хотелось оглянуться назад, но он не смел этого сделать и старался успокоивать себя и не посылать лошади, чтобы приберечь в ней запас, равный тому, который, он чувствовал, оставался в Гладиаторе. Оставалось одно и самое трудное препятствие; если он перейдёт его впереди других, то он придёт первым. Он подскакивал к ирландской банкетке. Вместе с Фру-Фру он ещё издалека видел эту банкетку, и вместе им обоим, ему и лошади, пришло мгновенное сомнение. Он заметил нерешимость в ушах лошади и поднял хлыст, но тотчас же почувствовал, что сомнение было неосновательно: лошадь знала, что нужно. Она наддала и мерно, так точно, как он предполагал, взвилась и, оттолкнувшись от земли, отдалась силе инерции, которая перенесла её далеко за канаву; и в том же самом такте, без усилия, с той же ноги, Фру-Фру продолжала скачку.

– Браво, Вронский! – послышались ему голоса кучки людей – он знал, его полка и приятелей, – которые стояли у этого препятствия; он не мог не узнать голоса Яшвина, но он не видал его.

"О, прелесть моя!" – думал он на Фру-Фру, прислушиваясь к тому, что происходило сзади. "Перескочил!" – подумал он, услыхав сзади поскок Гладиатора. Оставалась одна последняя канавка с водой в два аршина. Вронский и не смотрел на неё, а, желая прийти далеко первым, стал работать поводьями кругообразно, в такт скока поднимая и опуская голову лошади. Он чувствовал, что лошадь шла из последнего запаса; не только шея и плечи её были мокры, но на загривке, на голове, на острых ушах каплями

Gladiator. He sent the horse and with joy felt that she easily gained speed, and the sound of hooves of Gladiator became heard again at the same previous distance.

Vronskiy was leading the race – that very that he wanted to do and that him had advised Cord, and now he was sure of success. The excitement of his, joy and tenderness to Fru-Fru still were strengthening. To him wanted to look back, but he did not dare this do and tried to calm himself and not to send the horse, in order to save in her the reserve, equal to that, which he was feeling was left in Gladiator. Was left one and the most difficult obstacle; if he crosses it ahead of others, then he will come first. He was racing to the Irish barricade. Together with Fru-Fru, he already from far away saw this barricade, and together to them both, to him and to the horse, came an instant doubt. He noticed indecision in the ears of the horse and raised the whip, but immediately felt that doubt was groundless: the horse knew what /is/ needed. She sped up and evenly, as accurately as he expected, reared and, pushing off from the ground, gave up to the power of inertia, which carried her far behind the ditch; and in the same very rhythm, without an effort, with the same foot, Fru-Fru continued the race.

– Bravo, Vronskiy! – were heard to him voices of a group of people – he knew, of his regiment and friends, – who were standing by this obstacle; he not could not to recognize the voice of Yashvin, but he did not see him.

"Oh, precious mine!" – thought he of Fru-Fru, listening to that, what was happening behind. "Jumped over!" – thought he, hearing behind the galloping of Gladiator. Was remaining one final ditch with water in two arshins. Vronskiy and was not looking at it, but wishing to come far first, started working the reins circle-wise, to the rhythm of the galloping raising and lowering the head of the horse. He felt that the horse was going on the last resource; not only the neck and shoulders of her were wet, but on the nape, on the head, on the pointed ears in drops

выступал пот, и она дышала резко и коротко. Но он знал, что запаса этого с лишком достанет на остающиеся двести сажен. Только потому, что он чувствовал себя ближе к земле, и по особенной мягкости движенья Вронский знал, как много прибавила быстроты его лошадь. Канавку она перелетела, как бы не замечая. Она перелетела её, как птица; но в это самое время Вронский, к ужасу своему, почувствовал, что, не поспев за движением лошади, он, сам не понимая как, сделал скверное, непростительное движение, опустившись на седло. Вдруг положение его изменилось, и он понял, что случилось что-то ужасное. Он не мог ещё дать себе отчёт о том, что случилось, как уже мелькнули подле самого его белые ноги рыжего жеребца, и Махотин на быстром скаку прошёл мимо. Вронский касался одной ногой земли, и его лошадь валилась на эту ногу. Он едва успел выпростать ногу, как она упала на один бок, тяжело хрипя, и, делая, чтобы подняться, тщетные усилия своей тонкою потною шеей, она затрепыхалась на земле у его ног, как подстреленная птица. Неловкое движение, сделанное Вронским, сломало ей спину. Но это он понял гораздо после. Теперь же он видел только то, что Махотин быстро удалялся, а он, шатаясь, стоял один на грязной неподвижной земле, а пред ним, тяжело дыша, лежала Фру-Фру и, перегнув к нему голову, смотрела на него своим прелестным глазом. Все ещё не понимая того, что случилось, Вронский тянул лошадь за повод. Она опять вся забилась, как рыбка, треща крыльями седла, выпростала передние ноги, но, не в силах поднять зада, тотчас же замоталась и опять упала на бок. С изуродованным страстью лицом, бледный и с трясущеюся нижнею челюстью, Вронский ударил её каблуком в живот и опять стал тянуть за поводья. Но она не двигалась, а, уткнув храп в землю, только смотрела на хозяина своим говорящим взглядом.

— Ааа! — промычал Вронский, схватившись за голову. — Ааа! что я сделал! — прокричал он. — И проигранная скачка! И своя

stood out the sweat and she was breathing abruptly and shortly. But he knew that this reserve and more will be enough for the remaining two hundred sazhens. Only by that, that he felt himself closer to the earth, and by a special softness of movement Vronskiy knew how much gained swiftness his horse. The ditch she flew over as if not noticing. She flew over it like a bird; but at the same time Vronskiy, to the horror of his, felt that not keeping up with the movement of the horse, he himself not realizing how made a nasty unforgivable movement, lowering on a saddle. Suddenly the position of his changed and he understood that happened something terrible. He could not yet give himself an account of what happened, as already glimpsed near himself white legs of the red stallion, and Makhotin at fast racing came past. Vronskiy was touching with one leg the ground, and his horse was falling on this leg. He hardly managed to free the leg, as she fell on one side, heavily wheezing, and making in order to rise, futile efforts with her slender sweaty neck, she quivered on the ground at his feet like a shot bird. An awkward movement made by Vronskiy broke her back. But this he understood much later. Now he saw only that, that Makhotin was quickly riding away, and he, was standing alone on dirty motionless ground, and before him heavily breathing lay Fru-Fru and, bending to him the head, was looking at him with her lovely eye. Still not realizing what had happened, Vronskiy was pulling the horse by the reign. She again all beat like a fish, fluttering with the flaps of the saddle, freed the front legs, but not in powers to lift the rear, immediately was worn out and again fell on the side. With distorted by passion face, pale and with a trembling lower jaw, Vronskiy hit her with a heel to the belly and again started pulling the reins. But she did not move, but sticking the croup into the group, only was looking at the master with her speaking gaze.

    — Aaa! — mumbled Vronskiy, grasping at the head. — Aaa! What have I done! — shouted he. — And the lost race! And my own fault,

вина, постыдная, непростительная! И эта несчастная, милая, погубленная лошадь! Ааа! что я сделал!

Народ, доктор и фельдшер, офицеры его полка бежали к нему. К своему несчастью, он чувствовал, что был цел и невредим. Лошадь сломала себе спину, и решено было её пристрелить. Вронский не мог отвечать на вопросы, не мог говорить ни с кем. Он повернулся и, не подняв соскочившей с головы фуражки, пошел прочь от гипподрома, сам не зная куда. Он чувствовал себя несчастным. В первый раз в жизни он испытал самое тяжёлое несчастие, несчастие неисправимое и такое, в котором виною сам.

Яшвин с фуражкой догнал его, проводил его до дома, и через полчаса Вронский пришёл в себя. Но воспоминание об этой скачке надолго осталось в его душе самым тяжёлым и мучительным воспоминанием в его жизни.

shameful, unforgivable! And this miserable sweet ruined horse! Aaa! What have I done!

People, a doctor and a medical assistant, officers of his regiment were running to him. To his misfortune, he felt that was sound and unharmed. The horse broke her back, and /it/ decided was her to shoot. Vronskiy could not answer the questions, could not talk to anyone. He turned and not picking up the flying off the head cap, went away from the hippodrome himself not knowing where. He felt himself miserable. For the first time in life, he experienced the gravest misery, the misery incorrigible and such in which a blame himself.

Yashvin with the cap caught up with him, walked him home and in half an hour, Vronskiy recovered. But the reminiscence of this race for long stayed in his soul by the most hard and excruciating memory in his life.

## XXVIII

Когда Алексей Александрович появился на скачках, Анна уже сидела в беседке рядом с Бетси, в той беседке, где собиралось все высшее общество. Она увидала мужа ещё издалека. Два человека, муж и любовник, были для неё двумя центрами жизни, и без помощи внешних чувств она чувствовала их близость. Она ещё издалека почувствовала приближение мужа и невольно следила за ним в тех волнах толпы, между которыми он двигался. Она видела, как он подходил к беседке, то снисходительно отвечая на заискивающие поклоны, то дружелюбно, рассеянно здороваясь с равными, то старательно выжидая взгляда сильных мира и снимая свою круглую большую шляпу, нажимавшую кончики его ушей. Она знала все эти приёмы, и все они ей были отвратительны. "Одно честолюбие, одно желание успеть – вот все, что есть в его душе, – думала она, – а высокие соображения, любовь к просвещению, религия, все это – только орудия для того, чтобы успеть".

По его взглядам на дамскую беседку (он смотрел прямо на неё, но не узнавал жены в море кисеи, лент, перьев, зонтиков и цветов) она поняла, что он искал её; но она нарочно не замечала его.

– Алексей Александрович! – закричала ему княгиня Бетси, – вы, верно, не видите жену; вот она!

Он улыбнулся своею холодною улыбкой.

– Здесь столько блеска, что глаза разбежались, – сказал он и пошёл в беседку. Он улыбнулся жене, как должен улыбнуться муж, встречая жену, с которою он только что виделся, и поздоровался с княгиней и другими знакомыми, воздав каждому должное, то есть пошутив с дамами и перекинувшись приветствиями с мужчинами. Внизу подле беседки стоял уважаемый Алексей Александровичем, известный своим умом и образованием

# XXVIII

When Aleksey Aleksandrovich appeared at the races, Anna was already sitting in the pavilion next to Betsy, in that pavilion where gathered all the highest society. She saw the husband still afar. Two people, the husband and the lover, were for her two centres of life; and without the help of outer feelings, she felt their closeness. She already from afar felt the approach of the husband and involuntarily followed him in those waves of the crowd, between which he was moving. She saw how he approached the pavilion, now condescendingly answering ingratiating bows, then friendly absent-mindedly greeting the equals, then diligently waiting the gaze of the mighty of the world and taking off his round large hat, pressing the tips of his ears. She knew all these tricks and all they to her were disgusting. "One ambition, one desire to succeed – that is all that is in his soul, – thought she, – and high considerations, love for enlightenment, religion, all these – are only tools in order to succeed."

By his glances at the women pavilion (he was looking straight at her, but did not recognize the wife in the sea of muslin, ribbons, feathers, umbrellas and flowers) she understood that he was searching for her; but she intentionally did not notice him.

– Aleksey Aleksandrovich! – Shouted to him Princess Betsy, – you, surely, do not see the wife; here she is!

He smiled with his cold smile.

– Here is so much glitter that the eyes wandered, – said he and went into the pavilion. He smiled to the wife as must smile a husband, meeting a wife, whom he had just seen, and greeted princess and other acquaintances, giving each their due, that is joking with ladies and exchanging greetings with men. Below near the pavilion stood respected by Aleksey Aleksandrovich, famous for his intellect and education adjutant general. Aleksey Aleksandrov-

генерал-адъютант. Алексей Александрович заговорил с ним.

Был промежуток между скачками, и потому ничто не мешало разговору. Генерал-адъютант осуждал скачки. Алексей Александрович возражал, защищая их. Анна слушала его тонкий, ровный голос, не пропуская ни одного слова, и каждое слово его казалось ей фальшиво и болью резало её ухо.

Когда началась четырехвёрстная скачка с препятствиями, она нагнулась вперёд и, не спуская глаз, смотрела на подходившего к лошади и садившегося Вронского и в то же время слышала этот отвратительный, неумолкающий голос мужа. Она мучалась страхом за Вронского, но ещё более мучалась неумолкавшим, ей казалось, звуком тонкого голоса мужа с знакомыми интонациями.

"Я дурная женщина, я погибшая женщина, – думала она, – но я не люблю лгать, я не переношу лжи, а его (мужа) пища – это ложь. Он все знает, все видит; что же он чувствует, если может так спокойно говорить? Убей он меня, убей он Вронского, я бы уважала его. Но нет, ему нужны только ложь и приличие", – говорила себе Анна, не думая о том, чего именно она хотела от мужа, каким бы она хотела его видеть. Она не понимала и того, что эта нынешняя особенная словоохотливость Алексея Александровича, так раздражавшая её, была только выражением его внутренней тревоги и беспокойства. Как убившийся ребёнок, прыгая, приводит в движенье свои мускулы, чтобы заглушить боль, так для Алексея Александровича было необходимо умственное движение чтобы заглушить те мысли о жене, которые в её присутствии и в присутствии Вронского и при постоянном повторении его имени требовали к себе внимания. А как ребёнку естественно прыгать, так и ему было естественно хорошо и умно говорить. Он говорил:

– Опасность в скачках военных, кавалерийских, есть необходимое условие скачек. Если Англия может указать в военной истории на самые блестящие кавалерийские дела, то

ich spoke to him.

Was a break between the races, and therefore nothing hindered the conversation. The adjutant general disapproved of horseraces. Aleksey Aleksandrovich objected, defending them. Anna was listening to his thin even voice, not missing one word, and every word of his seemed to her false and with pain offended her ear.

When began the four-verst race with obstacles, she leant forward and, not taking off the eyes, was looking at the coming to the horse and mounting it Vronskiy and at the same time was hearing that disgusting not-ceasing voice of the husband. She was agonizing with fear for Vronskiy, but still more was agonizing for not ceasing, to her seemed, sound of the thin voice of the husband with familiar intonations.

"I am a bad woman, I am a doomed woman, – thought she, – but I do not like to lie, I do not bear lie, and his (husband's) food is lie. He all knows, all sees; what is he feeling if can so calmly talk? Kill he me, kill he Vronskiy, I would respect him. But no, to him needs only lie and decency," – was telling herself Anna, not thinking about that what exactly she wanted from the husband, which would she want him to see. She did not understand and that, that this today's special garrulity of Aleksey Aleksandrovich, so frustrating her, was only an expression of his inner anxiety and worry. As a hurt child jumping puts to action his muscles in order to stifle the pain, so for Aleksey Aleksandrovich was necessary mind activity in order to stifle those thoughts about the wife, which in her presence and in the presence of Vronskiy and with constant repetition of his name required to them attention. And as for a child is natural to jump, so for him was natural well and clever to speak. He was saying:

– The danger in races military, cavalry is a necessary condition of the horseraces. If England can point in military history to the most brilliant cavalry deeds, then only due to that that it historically

только благодаря тому, что она исторически развивала в себе эту силу животных и людей. Спорт, по моему мнению, имеет большое значение, и, как всегда мы видим только самое поверхностное.

— Не поверхностное, — сказала княгиня Тверская. Один офицер, говорят, сломал два ребра.

Алексей Александрович улыбнулся своею улыбкой, только открывавшею зубы, но ничего более не говорившею.

— Положим, княгиня, что это не поверхностное, сказал он, — но внутреннее. Но не в том дело, — и он опять обратился к генералу, с которым говорил серьёзно, — не забудьте, что скачут военные, которые избрали эту деятельность, и согласитесь, что всякое призвание имеет свою оборотную сторону медали. Это прямо входит в обязанности военного. Безобразный спорт кулачного боя или испанских тореадоров есть признак варварства. Но специализированный спорт есть признак развития.

— Нет, я не поеду в другой раз; это меня слишко волнует, — сказала княгиня Бетси. — Не правда ли, Анна?

— Волнует, но нельзя оторваться, — сказала другая дама. — Если б я была римлянка, я бы не пропустила ни одного цирка.

Анна ничего не говорила и, не спуская бинокля, смотрела в одно место.

В это время через беседку проходил высокий генерал. Прервав речь, Алексей Александрович поспешно, но достойно встал и низко поклонился проходившему военному.

— Вы не скачете? — пошутил ему военный.

— Моя скачка труднее, — почтительно отвечал Алексей Александрович.

И хотя ответ ничего не значил, военный сделал вид, что получил умное слово от умного человека и вполне понимает la pointe de la sauce.

— Есть две стороны, — продолжал снова Алексей Александрович, —

developed in itself this power of animals and people. Sport, in my opinion, has a great significance, and, as always, we see only the most external.

– Not external, – said princess Tverskaya. One officer, /they/ say, broke two ribs.

Aleksey Aleksandrovich smiled his smile, just revealing the teeth, but nothing more saying.

– Suppose, princess, that it is not external, – said he, – but internal. But not in that is the matter, – and he again addressed the general, with whom he spoke seriously, – do not forget that are racing military men who chose this activity, and agree that every calling has its flip side of the medal. It directly is included into the duties of the military man. Ugly sport of fist-fighting or Spanish toreadors is a sign of barbarism. But specialized sport is a sign of development.

– No, I will not go next time; it me too agitates, – said princess Betsy. – Not truth whether, Anna?

– Agitates, but impossible to tear away, – said another lady. – If I were a Roman, I would not miss not one circus.

Anna nothing was saying and, not taking away binoculars, was looking at one place.

At his time through the pavilion was passing a tall general. Interrupting the speech, Aleksey Aleksandrovich hurriedly but with dignity stood up and low bowed to the passing military man.

– Are you not racing? – joked to him the military man.

– My race is more difficult, – respectfully replied Aleksey Aleksandrovich.

And although the answer nothing did not mean, the military man pretended that he got a clever word from a smart man and quite understands la pointe de la sauce.

– /There/ are two sides, – continued again Aleksey Aleksandrovich,

исполнителей и зрителей; и любовь к этим зрелищам есть вернейший признак низкого развития для зрителей, я согласен, но…

– Княгиня, пари! – послышался снизу голос Степана Аркадьича, обращавшегося к Бетси. – За кого вы держите?

– Мы с Анной за князя Кузовлёва, – отвечала Бетси.

– Я за Вронского. Пара перчаток.

– Идёт!

– А как красиво, не правда ли?

Алексей Александрович помолчал, пока говорили около него, но тотчас опять начал.

– Я согласен, но мужественные игры… – продолжал было он.

Но в это время пускали ездоков, и все разговоры прекратились. Алексей Александрович тоже замолк, и все поднялись и обратились к реке. Алексей Александрович не интересовался скачками и потому не глядел на скакавших, а рассеянно стал обводить зрителей усталыми глазами. Взгляд его остановился на Анне.

Лицо её было бледно и строго. Она, очевидно, ничего и никого не видела, кроме одного. Рука её судорожно сжимала веер, и она не дышала. Он посмотрел на неё и поспешно отвернулся, оглядывая другие лица.

"Да вот и эта дама и другие тоже очень взволнованы; это очень натурально", – сказал себе Алексей Александрович. Он хотел не смотреть на неё, но взгляд его невольно притягивался к ней. Он опять вглядывался в это лицо, стараясь не читать того, что так ясно было на нем написано, и против воли своей с ужасом читал на нем то, чего он не хотел знать.

Первое падение Кузовлёва на реке взволновало всех, но Алексей Александрович видел ясно на бледном, торжествующем лице Анны, что тот, на кого она смотрела, не упал. Когда, после того как Махотин и Вронский перескочили большой барьер, следующий офицер упал тут же на голову и разбился замертво и

– performers and spectators; and the love to these spectacles is the most true sign of low development for spectators, I agree, but…

– Princess, a bet! – was heard from below the voice of Stepan Arkadyich, addressing Betsy. – For whom do you hold?

– We with Anna for Prince Kuzovlev, – replied Betsy.

– I for Vronskiy. A pair of gloves.

– Goes!

– And how beautiful, is not it?

Aleksey Aleksandrovich kept silent while were talking near him, but immediately again start.

– I agree, but courageous games… – continued /it/ was he.

But at his time, /they/ released the riders and all conversations stopped. Aleksey Aleksandrovich also fell silent, and all rose and faced the river. Aleksey Aleksandrovich was not interested in races and therefore did not look at the racers, but absent-mindedly began tracing spectators with tired eyes. The gaze of his stopped at Anna.

The face of hers was pale and strict. She obviously nothing and no one was seeing except one. The hand of hers frantically was grasping the fan, and she was not breathing. He looked at her and hurriedly turned away, looking over other faces.

"Yes, here and this lady and the others are also very agitated; it is very natural," – told himself Aleksey Aleksandrovich. He wanted not to look at her, but the gaze of his involuntarily was attracted to her. He again was looking into this face, trying not to read that, what so clearly was on it written and against his will with horror was reading on it that, what he did not want to know.

The first fall of Kuzovlev on the river excited everyone, but Aleksey Aleksandrovich saw clearly on the pale triumphant face of Anna that that, on whom she was looking, did not fall. When, after that as Makhotin and Vronskiy had jumped over the big barrier, the next officer fell immediately on the head and crashed to death and the mur-

шорох ужаса пронёсся по всей публике, Алексей Александрович видел, что Анна даже не заметила этого и с трудом поняла, о чем заговорили вокруг. Но он все чаще и чаще и с бо'льшим упорством вглядывался в неё. Анна, вся поглощённая зрелищем скакавшего Вронского, почувствовала сбоку устремлённый на себя взгляд холодных глаз своего мужа.

Она оглянулась на мгновение, вопросительно посмотрела на него и, слегка нахмурившись, опять отвернулась.

"Ах, мне все равно", – как будто сказала она ему и уже более ни разу не взглядывала на него.

Скачки были несчастливы, и из семнадцати человек попадало и разбилось больше половины. К концу скачек все были в волнении, которое ещё более увеличилось тем, что государь был недоволен.

mur of horror spread over the whole audience, Aleksey Aleksandrovich saw that Anna had not even noticed this and with difficulty understood about what were talking around. But he all the more and more often and with bigger persistence was scrutinizing into her. Anna, all absorbed by the sight of racing Vronskiy, felt from aside directed at her gaze of cold eyes of her husband.

She looked back for a moment, questioningly glanced at him, and, slightly frowning, again turned away.

"Ah, to me all the same," – as if said she to him and already more not a time glanced at him.

The races were unfortunate, and out of seventeen people fell and crashed more than a half. By the end of the races all were in agitation, which even more intensified by that the sovereign was displeased.

# ЧАСТЬ ЧЕТВЁРТАЯ

## I

Каренины, муж и жена, продолжали жить в одном доме, встречались каждый день, но были совершенно чужды друг другу. Алексей Александрович за правило поставил каждый день видеть жену, для того чтобы прислуга не имела права делать предположения, но избегал обедов дома. Вронский никогда не бывал в доме Алексея Александровича, но Анна видела его вне дома, и муж знал это.

Положение было мучительно для всех троих, и ни один из них не в силах был бы прожить и одного дня в этом положении, если бы не ожидал, что оно изменится и что это только временное горестное затруднение, которое пройдёт. Алексей Александрович ждал, что страсть эта пройдёт, как и все проходит, что все про это забудут и имя его останется неопозоренным. Анна, от которой зависело это положение и для которой оно было мучительнее всех, переносила его потому, что она не только ждала, но твёрдо была уверена, что все это очень скоро развяжется и уяснится. Она решительно не знала, что' развяжет это положение, но твёрдо была уверена, что это что-то придёт теперь очень скоро. Вронский, невольно подчиняясь ей, тоже ожидал чего-то независимого от него, долженствовавшего разъяснить все затруднения.

В средине зимы Вронский провёл очень скучную неделю. Он был приставлен к приехавшему в Петербург иностранному принцу и должен был показывать ему достопримечательности Петербурга. Вронский сам был представителен, кроме того, обладал искусством держать себя достойно-почтительно и имел привычку

# PART FOUR

## I

The Karenins, a husband and a wife, continued living in one house, met every day, but were completely alien to each other. Aleksey Aleksandrovich for a rule set every day to see the wife, so that the servants did not have the right to make assumptions, but avoided dinners at home. Vronskiy never was not in the house of Aleksey Aleksandrovich, but Anna saw him outside the house, and the husband knew this.

The position was agonizing for all three, and neither one of them not in the powers would be to live one day in this position, if were not expecting that it will change and that it is just a temporary sorrowful quandary, which will pass. Aleksey Aleksandrovich was waiting that this passion will pass as all passes, that all about it will forget and the name of his will remain unstained. Anna, on whom depended this position, and for whom it was more agonizing than to all, was bearing it because she was not only waiting but firmly was assured that all this very soon will come untied and clear up. She positively did not know what will untie this state, but firmly was sure that this something will come now very soon. Vronskiy, involuntarily obeying her, also was expecting something independent of him, having to clear up all difficulties.

In the middle of winter, Vronskiy spent a very boring week. He was appointed to the arrived in Petersburg foreign prince and had to show him the sights of Petersburg. Vronskiy himself was impressive, besides that, possessed the art of holding himself dignified-respectfully and had been accustomed to treatment of such faces; therefore

в обращении с такими лицами; потому он и был приставлен к принцу. Но обязанность его показалась ему очень тяжела. Принц желал ничего не упустить такого, про что дома у него спросят, видел ли он это в России; да и сам желал воспользоваться, сколько возможно, русскими удовольствиями. Вронский обязан был руководить его в том и в другом. По утрам они ездили осматривать достопримечательности, по вечерам участвовали в национальных удовольствиях. Принц пользовался необыкновенным даже между принцами здоровьем; и гимнастикой и хорошим уходом за своим телом он довёл себя до такой силы, что, несмотря на излишества, которым он предавался в удовольствиях, он был свеж, как большой зелёный глянцевитый голландский огурец. Принц много путешествовал и находил, что одна из главных выгод теперешней лёгкости путей сообщений состоит в доступности национальных удовольствий. Он был в Испании и там давал серенады и сблизился с испанкой, игравшею на мандолине. В Швейцарии убил гемза. В Англии скакал в красном фраке через заборы и на пари убил двести фазанов. В Турции был в гареме, в Индии ездил на слоне и теперь в России желал вкусить всех специально русских удовольствий.

Вронскому, бывшему при нем как бы главным церемониймейстером, большого труда стоило распределять все предлагаемые принцу различными лицами русские удовольствия. Были и рысаки, и блины, и медвежьи охоты, и тройки, и цыгане, и кутежи с русским битьём посуды. И принц с чрезвычайною лёгкостью усвоил себе русский дух, бил подносы с посудой, сажал на колени цыганку и, казалось, спрашивал: что же ещё, или только в этом и состоит весь русский дух?

В сущности из всех русских удовольствий более всего нравились принцу французские актрисы, балетная танцовщица и шампанское с белою печатью. Вронский имел привычку к принцам, — но, оттого ли, что он сам в последнее время

he was appointed to the prince. But the obligation of his seemed to him very hard. The prince wished nothing to miss such about what at home he will be asked, whether saw he this in Russia; and himself desired to use, how much possible, Russian amusements. Vronskiy was obliged to lead him both in that and in the other. In the mornings they rode to see the sights, in the evenings participated in national amusements The prince enjoyed extraordinary even among the princes health; and with gymnastics and a good care of his body he led himself to such strength that, despite the excesses in which he indulged in amusements, he was fresh like a big green glossy Dutch cucumber. The prince a lot travelled and found that one of the main benefits of the today's easiness of lines of communication consists in availability of national amuseents. He had been to Spain and there had given serenades and had chummed in with the Spanish lady playing the mandolin. In Switzerland had killed a chamois. In England had raced over the fences in a red tailcoat and at a bet had killed two hundred pheasants. In Turkey had been to a harem, in India had ridden an elephant and now in Russia desired to taste all the special Russian amusements.

To Vronskiy, being at him as if the main master of ceremonies, a great effort cost to distribute all the offered to the prince by various faces Russian amusements. Were both trotters and pancakes and bear hunts, and carriage-and-three, and gypsies, and binges with Russian breaking of dishes. And the prince with extreme easiness assimilated to himself Russian spirit, was breaking trays with dishes, was seating on the knees a gipsy and, /it/ seemed was asking, what else, or only in this consists all Russian spirit?

In essence, out of all Russian amusements most of all appealed to the prince French actresses, a ballet dancer and champagne with a white seal. Vronskiy had been accustomed to princes, – but whether from that, that he himself recently had changed, or from the too big

переменился, или от слишком большой близости с этим принцем,
– эта неделя показалась ему страшно тяжела. Он всю эту неделю
не переставая испытывал чувство, подобное чувству человека,
который был бы приставлен к опасному сумасшедшему, боялся бы
сумасшедшего и вместе, по близости к нему, боялся бы и за свой
ум. Вронский постоянно чувствовал необходимость, ни на секунду
не ослаблять тона строгой официальной почтительности, чтобы
не быть оскорблённым. Манера обращения принца с теми самыми
лицами, которые, к удивлению Вронского, из кожи вон лезли,
чтобы доставлять ему русские удовольствия, была презрительна.
Его суждения о русских женщинах, которых он желал изучать, не
раз заставляли Вронского краснеть от негодования. Главная же
причина, почему принц был особенно тяжёл Вронскому, была та,
что он невольно видел в нем себя самого. И то, что он видел в этом
зеркале, не льстило его самолюбию. Это был очень глупый, и очень
уверенный, и очень здоровый, и очень чистоплотный человек, и
больше ничего. Он был джентльмен – это была правда, и Вронский
не мог отрицать этого. Он был ровен и неискателен с высшими,
был свободен и прост в обращении с равными и был презрительно
добродушен с низшими. Вронский сам был таковым и считал это
большим достоинством; но в отношении принца он был низший, и
это презрительно-добродушное отношение к нему возмущало его.

"Глупая говядина! Неужели я такой!" – думал он.

Как бы то ни было, когда он простился с ним на седьмой день, пред
отъездом его в Москву, и получил благодарность, он был счастлив,
что избавился от этого неловкого положения и неприятного зеркала.
Он простился с ним на станции, возвращаясь с медвежьей охоты, где
всю ночь у них было представление русского молодечества.

closeness with this prince, – this week seemed to him terribly hard. He all this week not stopping, experienced the feeling similar to the feeling of a person who would be appointed to the dangerous madman, would be afraid of the madman and together, by the closeness to him, was afraid for his mind. Vronskiy was constantly feeling the necessity not for a second to relax the tone of the strict official respectfulness, so as not to be insulted. The manner of treating of the prince with those very faces, who to the surprise of Vronskiy, out of skin were going in order to deliver him Russian amusements, was contemptuous. His assertions about Russian women whom he wished to study, not once forced Vronskiy blush from indignation. The main reason why the prince was especially hard to Vronskiy was that that he involuntarily saw in him himself. And what he was seeing in this mirror did not flatter his self-esteem. It was a very stupid and a very confident, and a very healthy and a very cleanly person, and more nothing. He was a gentleman – this was the truth, and Vronskiy could not deny it. He was even and not crouching with the higher, was free and simple in treating the equal, and was contemptuously good-natured with the lower. Vronskiy himself was such and considered it a big merit; but in relation to the prince, he was the lower, and this contemptuously good-natures attitude to him outraged him.

"Stupid beef! Really am I such!" – thought he.

However it was, when he bid farewell to him on the seventh day, before the departure of his to Moscow, and got gratitude, he was happy that got rid of this awkward position and unpleasant mirror. He bid farewell to him at the station, returning from the bear hunt, where all night at them was the performance of Russian bravado.

## II

Вернувшись домой, Вронский нашёл у себя записку от Анны. Она писала: "Я больна и несчастлива. Я не могу выезжать, но и не могу долее не видать вас. Приезжайте вечером. В семь часов Алексей Александрович едет на совет и пробудет до десяти". Подумав с минуту о странности того, что она зовёт его прямо к себе, несмотря на требование мужа не принимать его, он решил, что поедет.

Вронский был в эту зиму произведён в полковники, вышел из полка и жил один. Позавтракав, он тотчас же лег на диван, и в пять минут воспоминания безобразных сцен, виденных им в последние дни, перепутались и связались с представлением об Анне и мужике-обкладчике, который играл важную роль на медвежьей охоте; и Вронский заснул. Он проснулся в темноте, дрожа от страха, и поспешно зажёг свечу. "Что такое? Что? Что такое страшное я видел во сне? Да, да. Мужик-обкладчик, кажется, маленький, грязный, со взъерошенной бородкой, что-то делал нагнувшись и вдруг заговорил по-французски какие-то странные слова. Да, больше ничего не было во сне, – сказал он себе. – Но отчего же это было так ужасно?" Он живо вспомнил опять мужика и те непонятные французские слова, которые произносил этот мужик, и ужас пробежал холодом по его спине.

"Что за вздор!" – подумал Вронский и взглянул на часы.

Была уже половина девятого. Он позвонил человека, поспешно оделся и вышел на крыльцо, совершенно забыв про сон и мучась только тем, что опоздал. Подъезжая к крыльцу Карениных, он взглянул на часы и увидал, что было без десяти минут девять. Высокая, узенькая карета, запряжённая парой серых, стояла у подъезда. Он узнал карету Анны. "Она едет ко мне, – подумал Вронский, – и лучше бы было. Неприятно мне входить в этот

## II

Having returned home, Vronskiy found at him a note from Anna. She wrote, "I am sick and unhappy. I cannot go out, but either cannot longer not see you. Come in the evening. At seven o'clock Aleksey Aleksandrovich rides to the council and will stay until ten." Thinking for about a minute of the weirdness of that that she is calling him straight to her, despite the demand of the husband not to receive him, he decided that will go.

Vronskiy was this winter promoted to colonels, went out of the regiment and was living alone. Having had breakfast, he immediately lay on the sofa and within five minutes reminiscences of horrible scenes seen by him in recent days, confused and linked to the image of Anna and a peasant-who-rounds-up, who had played an important role in the bear-hunt; and Vronskiy fell asleep. He woke up in the darkness, trembling with fear, and hurriedly lit a candle. "What is this? What? What is this horrible I saw in the dream? Yes, yes. A peasant-who-rounds-up, /it/ seems, small, dirty, with a disheveled beard, something was doing bending down and suddenly spoke in French some strange words. Yes, else nothing was in the dream, – told he himself. – But why it was so terrible?" He vividly remembered again the peasant and those incomprehensible French words, which was articulating this peasant, and the horror ran with cold over his back.

"What a nuisance!" – thought Vronskiy and glanced at the watch.

Was already half to nine. He called for a man, hurriedly dressed and went out on the porch, completely forgetting about the dream and suffering only from that that was late. Approaching the porch of the Kareniny's, he glanced at the watch and saw that was ten minutes to nine. A high narrow carriage, harnessed with a couple of greys was standing at the porch. He recognized the carriage of Anna. "She is riding to me, – thought Vronskiy, – and better would be. Unpleasant for me to

дом. Но все равно; я не могу прятаться", – сказал он себе, и с теми, усвоенными им с детства, приёмами человека, которому нечего стыдиться, Вронский вышел из саней и подошёл к двери. Дверь отворилась, и швейцар с пледом на руке подозвал карету. Вронский, не привыкший замечать подробности, заметил, однако, теперь удивлённое выражение, с которым швейцар взглянул на него. В самых дверях Вронский почти столкнулся с Алексеем Александровичем. Рожок газа прямо освещал бескровное, осунувшееся лицо под чёрною шляпой и белый галстук, блестевший из-за бобра пальто. Неподвижные, тусклые глаза Каренина устремились на лицо Вронского. Вронский поклонился, и Алексей Александрович, пожевав ртом, поднял руку к шляпе и прошёл. Вронский видел, как он, не оглядываясь, сел в карету, принял в окно плед и бинокль и скрылся. Вронский вошёл в переднюю. Брови его были нахмурены, и глаза блестели злым и гордым блеском.

"Вот положение! – думал он. – Если б он боролся, отстаивал свою честь, я бы мог действовать, выразить свои чувства; но эта слабость или подлость… Он ставит меня в положение обманщика, тогда как я не хотел и не хочу этим быть".

Со времени своего объяснения с Анной, в саду Вреде мысли Вронского много изменились. Он, невольно покоряясь слабости Анны, которая отдавалась ему вся и ожидала только от него решения её судьбы, вперёд покоряясь всему, давно перестал думать, чтобы связь эта могла кончиться, как он думал тогда. Честолюбивые планы его опять отступили на задний план, и он, чувствуя, что вышел из того круга деятельности, в котором все было определено, отдавался весь своему чувству, и чувство это все сильнее и сильнее привязывало его к ней.

Ещё в передней он услыхал её удаляющиеся шаги. Он понял, что она ждала его, прислушивалась и теперь вернулась

enter this house, But all the same; I cannot hide," – told he himself, and with those, adopted by him since the childhood, tricks of a person, to whom is nothing to be ashamed, Vronskiy came out of the sledge and approached the door. The door opened and a doorkeeper with a plaid on the arm called the carriage. Vronskiy, not accustomed to notice the details, noticed, however, now the surprised expression with which the doorkeeper glanced at him. At the very door, Vronskiy almost ran into Aleksey Aleksandrovich. The burner of gas directly was lighting the bloodless haggard face under a black hat and a white tie, shining under the beaver of the coat. Still lackluster eyes of Karenin turned to the face of Vronskiy. Vronskiy bowed, and Aleksey Aleksandrovich, having chewed with a mouth, raised a hand to the hat and passed. Vronskiy saw how he, not looking back, got into the carriage, accepted in the window the plaid and binoculars and disappeared. Vronskiy came into the anteroom. The brows of his were frowned, and the eyes were shining with an angry and proud glitter.

"Here is a position! – was thinking he. – If he fought, defended his honour, I would be able to act, to express my feelings; but this weakness or meanness…He puts me in the position of a cheater, while as I did not want and do not want this to be."

Since the time of his explanation with Anna, in the garden Vrede, the thoughts of Vronskiy a lot had changed. He, involuntarily submitting to the weakness of Anna, who gave to him all and expected only from him the decision of her fate, ahead submitting to all, long stopped thinking so that this affair could end, as he had been thinking then. Ambitious plans of his again retreated to the second plan and he feeling that stepped out of that circle of activity in which all was determined, gave in whole to his feeling, and this feeling still stronger and stronger was attaching him to her.

Already in the anteroom, he heard her retreating steps. He understood that she had been waiting for him, had been listening and now

в гостиную.

— Нет! — вскрикнула она, увидав его, и при первом звуке её голоса слёзы вступили ей в глаза, — нет, если это так будет продолжаться, то это случится ещё гораздо, гораздо прежде!

— Что, мой друг?

— Что? Я жду, мучаюсь, час, два… Нет, я не буду!… Я не могу ссориться с тобой. Верно, ты не мог. Нет, не буду!

Она положила обе руки на его плечи и долго смотрела на него глубоким, восторженным и вместе испытующим взглядом. Она изучала его лицо за то время, которое она не видала его. Она, как и при всяком свидании, сводила в одно своё воображаемое представление о нем (несравненно лучшее, невозможное в действительности) с ним, каким он был.

returned to the living room.

    –   No! – exclaimed she, seeing him, and at the first sound of her voice tears came to her eyes, – no, if it so will continue, then it will happen still much much sooner!

    –   What, my friend?

    –   What? I am waiting, suffering, an hour, two…No, I shall not! …I cannot quarrel with you. Right, you could not. No, shall not!

She put both hands on his shoulders and long was looking at him with a deep triumphant and together searching gaze. She was studying his face for that time, at which she had not seen him. She, as at any date, was drawing together her imaginary impression of him (incomparably better, impossible in reality) with him, which he was.

## XIII

Когда встали из-за стола, Левину хотелось идти за Кити в гостиную; но он боялся, не будет ли ей это неприятно по слишком большой очевидности его ухаживанья за ней. Он остался в кружке мужчин, принимая участие в общем разговоре, и, не глядя на Кити, чувствовал её движения, её взгляды и то место, на котором она была в гостиной.

Он сейчас уже и без малейшего усилия исполнял то обещание, которое он дал ей, – всегда думать хорошо про всех людей и всегда всех любить. Разговор зашёл об общине, в которой Песков видел какое-то особенное начало, называемое им хоровым началом. Левин был не согласен ни с Песцовым, ни с братом, который как-то по-своему и признавал и не признавал значение русской общины. Но он говорил с ними, стараясь только помирить их и смягчить их возражения. Он нисколько не интересовался тем, что он сам говорил, ещё менее тем, что они говорили, и только желал одного – чтоб им и всем было хорошо и приятно. Он знал теперь то, что одно важно. И это одно было сначала там, в гостиной, а потом стало подвигаться и остановилось у двери. Он, не оборачиваясь, почувствовал устремленный на себя взгляд и улыбку и не мог не обернуться. Она стояла в дверях с Щербацким и смотрела на него.

– Я думал, вы к фортепьянам идёте, – сказал он, подходя к ней. – Вот чего мне недостаёт в деревне: музыки.

– Нет, мы шли только затем, чтобы вас вызвать, и благодарю, – сказала она, как подарком, награждая его улыбкой, – что вы пришли. Что за охота спорить? Ведь никогда один не убедит другого.

– Да, правда, – сказал Левин, – большею частью бывает, что споришь горячо только оттого, что никак не можешь понять, что

## XIII

When /they/ stood up from the table, Levin wanted to go after Kity to the living room; but he feared, not will be whether to her this unpleasant by the too big obviousness of his courting her. He remained in the circle of men, taking part in the common conversation and, not looking at Kity, was feeling her movements, her glances and that place, on which she was in the living room.

He now already and without the slightest effort was keeping that promise, which he had given her – always to think good of all people and always all to love. A conversation turned to a community, in which Pestsov saw some special beginning, called by him a choral beginning. Levin did not agree neither with Pestsov nor with a brother, who somehow by himself both admitted and did not admit the significance of Russian community. But he was talking to them trying only to reconcile them and soften their contradictions. He not at all was interested in that what he himself was saying, even less in that what they were saying, and only wished one – so that for them and for all was good and pleasant. He knew now that that one is important. And this one was at the beginning there in the living room, and then started moving and stopped at the door. He, not turning around, felt directed at him look and a smile and not could not turn. She was standing at the doors with the Shcherbatskiye and was looking at him.

   – I thought you to the pianos were going, – said he coming to her. – That is what to me lacks in the village: music.

   – No, we were going only for that, so that to summon you, and /I/ thank, – said she, as with a present, awarding him with a smile, – that you came. What is the will to argue? Actually never one will not convince the other.

   – Yes, the truth, – said Levin, – for the most part happens that / you/ argue heatedly only from that that no-way can understand what

именно хочет доказать противник.

Левин часто замечал при спорах между самыми умными людьми, что после огромных усилий, огромного количества логических тонкостей и слов спорящие приходили, наконец, к сознанию того, что то, что они долго бились доказать друг другу, давным-давно, с начала спора, было известно им, но что они любят разное и потому не хотят назвать того, что они любят, чтобы не быть оспоренными. Он часто испытывал, что иногда во время спора поймёшь то, что любит противник, и вдруг сам полюбишь это самое и тотчас согласишься, и тогда все доводы отпадают, как ненужные; а иногда испытывал наоборот: выскажешь, наконец, то, что любишь сам и из-за чего придумываешь доводы, и если случится, что выскажешь это хорошо и искренно, то вдруг противник соглашается и перестаёт спорить. Это-то самое он хотел сказать.

Она сморщила лоб, стараясь понять. Но только что он начал объяснять, она уже поняла.

– Я понимаю: надо узнать, за что он спорит, что он любит, тогда можно…

Она вполне угадала и выразила его дурно выраженную мысль. Левин радостно улыбнулся: так ему поразителен был этот переход от запутанного многословного спора с Песцовым и братом к этому лаконическому и ясному, без слов почти, сообщению самых сложных мыслей.

Щербацкий отошёл от них, и Кити, подойдя к расставленному карточному столу, села и, взяв в руки мелок, стала чертить им по новому зелёному сукну расходящиеся круги.

Они возобновили разговор, шедший за обедом: о свободе и занятиях женщин. Левин был согласен с мнением Дарьи Александровны, что девушка, не вышедшая замуж, найдёт себе дело женское в семье. Он подтверждал это тем, что ни одна семья

exactly wants to prove your opponent.

Levin frequently noticed at arguments between the most intelligent people, that after enormous efforts, a huge amount of logical subtleties and words, the arguing came, finally, to realization of that that that, what they long had been fighting to prove to each other, a long ago, from the beginning of the argument, had been known to them, but that they like different and therefore do not want to name that, what they like in order not to be disputed. He often felt that sometimes in the time of the argument /you/ will understand that, what likes the opponent, and suddenly yourself will love this very, and immediately will agree, and then all the reasons fall off, as unnecessary; and sometimes experienced on the contrary: /you/ will speak up, finally, that what /you/ like yourself and because of which /you/ think of reasons, and if will happen that speak up this well and sincerely, then suddenly the opponent agrees and stops arguing. This very he wanted to say.

She wrinkled the forehead trying to comprehend. But only that he began to explain, she already understood.

– I understand: need to learn for what he is arguing, what he likes, then can…

She quite guessed and expressed his badly expressed thought. Levin cheerfully smiled: so to him striking was this pass from the entangled verbose argument with Pestsov and brother to this laconic and clear, without words almost, communication of the most complicated thoughts.

Shcherbatskiy went away from them, and Kity, coming to the set card table, sat down and having taken in hands a chalk started drawing with it over the new green cloth dispersing circles.

They resumed the conversation going at dinner: about freedom and occupations of women. Levin was in agreement with the opinion of Darya Aleksandrovna that a girl, not getting married, will find herself business feminine in the family. He confirmed this by that that not one

не может обойтись без помощницы, что в каждой бедной и богатой семье есть и должны быть няньки, наёмные или родные.

— Нет, — сказала Кити покраснев, но тем смелее глядя на него своими правдивыми глазами, — девушка может быть так поставлена, что не может без унижения войти в семью, а сама…

Он понял её с намёка.

— О! да! — сказал он, — да, да, да, вы правы, вы правы!

И он понял все, что за обедом доказывал Песцов о свободе женщин, только тем, что видел в сердце Кити страх девства и униженья, и, любя её, он почувствовал этот страх и униженье и сразу отрёкся от своих доводов.

Наступило молчание. Она все чертила мелом по столу. Глаза её блестели тихим блеском. Подчиняясь её настроению, он чувствовал во всём существе своём все усиливающееся напряжение счастия…

— Ах! я весь стол исчертила! — сказала она и, положив мелок, сделала движенье, как будто хотела встать.

"Как же я останусь один без неё?" — с ужасом подумал он и взял мелок. — Постойте, — сказал он, садясь к столу. — Я давно хотел спросить у вас одну вещь.

Он глядел ей прямо в ласковые, хотя и испуганные глаза.

— Пожалуйста, спросите.

— Вот, — сказал он и написал начальные буквы: к, в, м, о, э, н, м, б, з, л, э, н, и, т? Буквы эти значили: когда вы мне ответили: этого не может быть, значило ли это, что никогда, или тогда?" Не было никакой вероятности, чтоб она могла понять эту сложную фразу; но он посмотрел на неё с таким видом, что жизнь его зависит от того, поймёт ли она эти слова.

Она взглянула на него серьёзно, потом оперла нахмуренный лоб на руку и стала читать. Изредка она взглядывала на него, спрашивая у него взглядом: "То ли это, что я думаю?"

family cannot get along without a helper, that in each poor and rich family are and must be nannies, hired or relative.

— No, – said Kity having blushed, but by that bolder looking at him with her truthful eyes, – a girl might be so put that cannot without humiliation enter the family, but herself...

He understood her from a hint.

— Oh! Yes! – said he. – Yes, yes, yes, you are right, you are right!

And he understood all that at dinner had been proving Pestsov about the freedom of women, only through that, that saw in the heart of Kity the fear of maidenhood and humiliation, and, loving her, he felt this fear and humiliation and at once renounced his reasons.

Came silence. She still was drawing with chalk on the table. The eyes of her were shining with a quiet glitter. Obeying her mood, he was feeling in all the essence of his still intensifying tension of happiness...

— Ah! I all the table have drawn! – said she and, having out the chalk down, made a movement, as if wanted to stand up.

"How will I stay alone without her?" – With horror thought he and took the chalk. – Wait, – said he, sitting at the table. – I long have wanted to ask you one thing.

He was looking her straight into the affectionate although frightened eyes.

— Please, ask.

— Here, – said he and wrote the initial letters: w, y, m, a, t, c, n, b, m, w, t, n, o, t? This letters meant, "when you me answered: this can not be, meant whether this that never or then?" /there/ not was not any probability so that she could comprehend this complicated phrase; but he gazed at her with such a look that the life of his depends on that, will understand whether she these words.

She glanced at him seriously, then leant the frowned forehead on the hand and started reading. Seldom she glanced at him, asking him with the look, "That whether is this, what I think?"

— Я поняла, — сказала она, покраснев.

— Какое это слово? — сказал он, указывая на н, которым означалось слово никогда.

— Это слово значит никогда, — сказала она, — но это неправда!

Он быстро стер написанное, подал ей мел и встал. Она написала: т, я, н, м, и, о.

Долли утешилась совсем от горя, причинённого ей разговором с Алексеем Александровичем, когда она увидела эти две фигуры: Кити с мелком в руках и с улыбкой робкою и счастливою, глядящую вверх на Левина, и его красивую фигуру, нагнувшуюся над столом, с горящими глазами устремлёнными то на стол, то на неё. Он вдруг просиял: он понял. Это значило: "тогда я не могла иначе ответить".

Он взглянул на неё вопросительно, робко.

— Только тогда?

— Да, — отвечала её улыбка.

— А т… А теперь? — спросил он.

— Ну, так вот прочтите. Я скажу то, чего бы желала. Очень бы желала! — Она записала начальные буквы: ч, в, м, з, и, п, ч, б. Это значило: "чтобы вы могли забыть и простить, что было".

Он схватил мел напряженными, дрожащими пальцами и, сломав его, написал начальные буквы следующего: "мне нечего забывать и прощать, я не переставал любить вас".

Она взглянула на него с остановившеюся улыбкой.

— Я поняла, — шёпотом сказала она.

Он сел и написал длинную фразу. Она все поняла и, не спрашивая его: так ли? взяла мел и тотчас же ответила.

Он долго не мог понять того, что она записала, и часто взглядывал в её глаза. На него нашло затмение от счастия. Он никак не мог подставить те слова, какие она разумела; но в прелестных сияющих счастьем глазах её он понял все, что ему

– I understood, – said she, having blushed.

– What is this word? – said he, pointing to the "n", by which signified the word never.

– This word means never, – said she, – but this is untruth!

He quickly erased the written, gave her the chalk and stood up. She wrote, t, I, c, n, d, a.

Dolly consoled utterly from grief, inflicted on her by the conversation with Aleksey Aleksandrovich, when she saw these two figures: Kity with a chalk in hands and with a smile timid and happy, looking up at Levin, and his handsome handsome figure, bending over the table with burning eyes directed then at the table, then to her. He suddenly beamed: he understood. It meant, "Then I could not differently answer."

He glanced at her questioningly, timidly.

– Only then?

– Yes, – answered her smile.

– And n... And now? – asked he.

– Well, so here, read. I will say that what I would wish. Very would wish! – She wrote the initial letters: s, y, c, f, a, f, w, w. It meant, "so you could forget and forgive what was."

He grabbed the chalk with tense trembling fingers and, having broken it, wrote the initial letters of the following: "to me nothing to forget and forgive, I did not stop loving you."

She glanced at him with a stopped smile.

– I understood, – in whisper said she.

He sat down and wrote a long phrase. She all understood and not asking him: so whether /it is/? Took the chalk and immediately answered.

He long could not comprehend that what she had written, and often was glancing into her eyes. Upon him came the blackout from happiness. He no way could fit those words, which she meant; but in the lovely shining with happiness eyes of her he understood all that to him

нужно было знать. И он написал три буквы. Но он ещё не кончил писать, а она уже читала за его рукой и сама докончила и записала ответ: Да.

— В secretaire играете? — сказал старый князь, подходя. — Ну, поедем однако, если ты хочешь поспеть в театр.

Левин встал и проводил Кити до дверей.

В разговоре их все было сказано; было сказано, что она любит его и что скажет отцу и матери, что завтра он приедет утром.

needed was to know. And he wrote three letters. But he yet did not finish writing, and she already was reading after his hand and herself finished and wrote the answer, Yes.

– Secretaire /you/ are playing? – said the old prince, approaching. – Well, let us go however, if you want to be in time to the theatre.

Levin stood up and walked Kity to the doors.

In the conversation of theirs, all was said; was said that she loves him and that will tell father and mother, that tomorrow he will come in the morning.

## XV

На улицах ещё было пусто. Левин пошёл к дому Щербацких. Парадные двери были заперты, и все спало. Он пошёл назад, вошёл опять в номер и потрёбовал кофе. Денной лакей, уже не Егор, принёс ему. Левин хотел вступить с ним в разговор, но лакею позвонили, и он ушёл. Левин попробовал отпить кофе и положить калач в рот, но рот его решительно не знал, что делать с калачом. Левин выплюнул калач, надел пальто и пошёл опять ходить. Был десятый час, когда он во второй раз пришёл к крыльцу Щербацких. В доме только что встали, и повар шел за провизией. Надо было прожить ещё по крайней мере два часа.

Всю эту ночь и утро Левин жил совершенно бессознательно и чувствовал себя совершенно изъятым из условий материальной жизни. Он не ел целый день, не спал две ночи, провёл несколько часов раздетый на морозе и чувствовал себя не только свежим и здоровым как никогда, но он чувствовал себя совершенно независимым от тела: он двигался без усилия мышц и чувствовал, что все может сделать. Он был уверен, что полетел бы вверх или сдвинул бы угол дома, если б это понадобилось. Он проходил остальное время по улицам, беспрестанно посматривая на часы и оглядываясь по сторонам.

И что он видел тогда, того после уже он никогда не видал. В особенности дети, шедшие в школу, голуби сизые, слетевшие с крыши на тротуар, и сайки, посыпанные мукой, которые выставила невидимая рука, тронули его. Эти сайки, голуби и два мальчика были неземные существа. Все это случилось в одно время: мальчик подбежал к голубю и, улыбаясь, взглянул на Левина; голубь затрещал крыльями и отпорхнул, блестя на солнце между дрожащими в воздухе пылинками снега, а из окошка

## XV

On the streets yet was empty. Levin went to the house of the Shcher-batskiye. The front doors were locked, and everything was sleeping. He went back, entered again the suite and demanded coffee. The day footman, already not Egor, brought to him. Levin wanted to enter with him into a conversation, but for the footman rang, and he left. Levin tried to sip coffee and to put the small white loaf into the mouth, but the mouth of his decisively did not know what to do with the white loaf. Levin spat out the white loaf, put on a coat and went again to walk. Was the tenth hour when he for the second time came to the porch of the Shcherbatskiye. In the house just have got up and the cook was going for provisions. Needed was to live more at least two hours.

All this night and morning Levin was living absolutely uncon-sciously and was feeling himself entirely withdrawn from the condi-tions of material life. He did not eat all day, had not slept for two nights, spent several hours undressed in the frost and felt himself not only fresh and healthy as never, but he was feeling himself entirely indepen-dent of his body; he was moving without an effort of muscles and was feeling that all can do. He was sure that would fly up or move would the corner of the house, if would it be needed. He walked the rest of the time along the streets, incessantly glancing at the watch and looking around.

And what he saw then, that after already he never has not seen. Especially children, going to school, pigeons dove-coloured, flying from the roof to the pavement, and rolls sprinkled with flour, which put out the invisible hand, touched him. These rolls, pigeons and two boys were unearthly creatures. All this happened at one time: the boy ran up to the pigeon, and smiling, glanced at Levin; the pigeon rattled with wings and fluttered away, shining in the sun among the trembling in the air specks of snow, and from the window smelt the odor of baked bread

пахнуло духом печёного хлеба и выставились сайки. Все это вместе было так необычайно хорошо, что Левин засмеялся и заплакал от радости. Сделав большой круг по Газетному переулку и Кисловке, он вернулся опять в гостиницу и, положив пред собой часы, сел, ожидая двенадцати. В соседнем номере говорили что-то о машинах и обмане и кашляли утренним кашлем. Они не понимали, что уже стрелка подходит к двенадцати. Стрелка подошла. Левин вышел на крыльцо. Извозчики, очевидно, все знали. Они с счастливыми лицами окружили Левина, споря между собой и предлагая свои услуги. Стараясь не обидеть других извозчиков и обещав с теми тоже поездить, Левин взял одного и велел ехать к Щербацким. Извозчик был прелестен в белом, высунутом из-под кафтана и натянутом на налитой, красной, крепкой шее вороте рубахи. Сани у этого извозчика были высокие, ловкие, такие, на каких Левин уже после никогда не ездил, и лошадь была хороша и старалась бежать, но не двигалась с места. Извозчик знал дом Щербацких и, особенно почтительно к седоку округлив руки и сказав "прру", осадил у подъезда. Швейцар Щербацких, наверное, все знал. Это видно было по улыбке его глаз и по тому, как он сказал:

– Ну, давно не были, Константин Дмитриич!

Не только он все знал, но он, очевидно, ликовал и делал усилия, чтобы скрыть свою радость. Взглянув в его старческие милые глаза, Левин понял даже что-то ещё новое в своём счастье.

– Встали?

– Пожалуйте! А то оставьте здесь, – сказал он улыбаясь, когда Левин хотел вернуться взять шапку. Это что-нибудь значило.

– Кому доложить прикажете? – спросил лакей.

Лакей был хотя и молодой и из новых лакеев, франт, но очень добрый и хороший человек и тоже все понимал...

– Княгине... Князю... Княжне... – сказал Левин.

Первое лицо, которое он увидал, была mademoiselle Linon.

and were put out the rolls. All this together was so unusually good that Levin laughed and cried from happiness. Having made a big circle along Gazetniy Lane and Kislovka, he returned again to the hotel and, having put in front of himself the watch, sat, waiting for twelve. In the next suite were talking something about cars and deception and were coughing with morning cough. They did not understand that already the hand was coming to twelve. The hand came to. Levin went out on the porch. The cabmen, obviously, all knew. They with happy faces surrounded Levin, arguing among themselves and offering their services. Trying not to offend other cabmen and promising with those also to ride, Levin took one and ordered to go to the Shcherbatskiye. The cabman was lovely in white, sticking from under the caftan and pulled on the plump red solid neck the collar of the shirt. The sleigh of this cabman were high, adroit, such on which Levin already after has never ridden, and the horse was good and tried to run but was not moving from the place. The cabman knew the house of the Shcherbatskiye and especially respectful to the passenger rounding the arms and saying "whoa", reigned in at the porch. The doorman of the Shcherbatskiye, probably, all knew. It seen was by the smile of his eyes and by that how he said:

— Well, long had not been, Konstantin Dmitriich!

Not only he all knew, but he, obviously, was exulting and making efforts to conceal his joy. Having looked in his elderly sweet eyes, Levin understood even something else new in his happiness.

— Have got up?

– Welcome! Or that leave /it/ here, – said he smiling when Levin wanted to return to take the hat. It something meant.

— To whom to announce will /you/ order? – asked the footman.

The footman was although and young and from the new footmen, a dandy, but a very kind and good person and also all understood...

– To the Princess…To the Prince…To the Princess… – said Levin.

The first face, which he saw was mademoiselle Linon. She was

Она шла чрез залу, и букольки и лицо её сияли. Он только что заговорил с нею, как вдруг за дверью послышался шорох платья, и mademoiselle Linon исчезла из глаз Левина, и радостный ужас близости своего счастья сообщился ему. Mademoiselle Linon заторопилась и, оставив его, пошла к другой двери. Только что она вышла, быстрые-быстрые лёгкие шаги зазвучали по паркету, и его счастье, его жизнь, он сам — лучшее его самого себя, то, чего он искал и желал так долго, быстро-быстро близилось к нему. Она не шла, но какой-то невидимою силой неслась к нему.

Он видел только её ясные, правдивые глаза, испуганные той же радостью любви, которая наполняла и его сердце. Глаза эти светились ближе и ближе, ослепляя его своим светом любви. Она остановилась подле самого его, касаясь его. Руки её поднялись и опустились ему на плечи.

Она сделала всё, что могла, — она подбежала к нему и отдалась вся, робея и радуясь. Он обнял её и прижал губы к её рту, искавшему его поцелуя.

Она тоже не спала всю ночь и все утро ждала его. Мать и отец были бесспорно согласны и счастливы её счастьем. Она ждала его. Она первая хотела объявить ему своё и его счастье. Она готовилась одна встретить его и радовалась этой мысли, и робела, и стыдилась, и сама не знала, что она сделает. Она слышала его шаги и голос и ждала за дверью, пока уйдёт mademoiselle Linon. Mademoiselle Linon ушла. Она, не думая, не спрашивая себя, как и что, подошла к нему и сделала то, что она сделала.

— Пойдемте к мама! — сказала она, взяв его за руку. Он долго не мог ничего сказать, не столько потому, что он боялся словом испортить высоту своего чувства, сколько потому, что каждый раз, как он хотел сказать что-нибудь, вместо слов, он чувствовал,

going through the living room, and the sausage-curls and the face of hers were shining. He just that addressed to her, as suddenly behind the door was heard the rustle of the dress and mademoiselle Linon disappeared from the eyes of Levin, and the joyous terror of the closeness of his happiness passed to him. Mademoiselle Linon hurried and, leaving him, went to the other door. As soon as she exited, quick-quick light steps sounded upon the parquet and his happiness, his life, he himself – the best of his own self, that which he had been looking for and had wished for so long, quickly-quickly approached him. She was not walking, but by some invisible force was rushing to him.

He saw only her clear, truthful eyes, frightened with that same joy of love, which was filling and his heart. These eyes shone closer and closer, dazzling him by their light of love. She stopped near the very him, touching him. The hands of hers rose and lowered to him on the shoulders.

She did all that could – she ran up to him and gave in all, being timid and rejoicing. He embraced her and pressed the lips to her mouth, searching for his kiss.

She also had not slept all night and all morning was waiting for him. Mother and father were indisputably consent and happy with her happiness. She was waiting for him. She the first wanted to announce to him own and his happiness. She was preparing alone to meet him and was rejoicing at this thought, and was quailing, and was ashamed, and herself did not know what she will do. She heard his steps and voice and was waiting behind the door, until will leave mademoiselle Linon. Mademoiselle Linon left. She, not thinking, not asking herself how and what came up to him and did that what she did.

– Let's go to mama! – said she, taking him by the hand. He long could not nothing say, not so much because he was afraid by a word to spoil the highness of his feeling, how much because that every time as he wanted to say something, instead of words he felt that from him will

что у него вырвутся слёзы счастья. Он взял её руку и поцеловал.

– Неужели это правда? – сказал он, наконец, глухим голосом. – Я не могу верить, что ты любишь меня!

Она улыбнулась этому "ты" и той робости, с которою он взглянул на неё.

– Да! – значительно, медленно проговорила она. – Я так счастлива!

Она, не выпуская руки его, вошла в гостиную. Княгиня, увидав их, задышала часто и тотчас же заплакала и тотчас же засмеялась и таким энергическим шагом, какого не ждал Левин, подбежала к ним и, обняв голову Левину, поцеловала его и обмочила его щёки слезами.

– Так все кончено! Я рада. Люби её. Я рада… Кити!

– Скоро устроились! – сказал старый князь, стараясь быть равнодушным; но Левин заметил, что глаза его были влажны, когда он обратился к нему.

– Я давно, всегда этого желал! – сказал он, взяв за руку Левина и притягивая его к себе. – Я ещё тогда, когда эта ветреница вздумала…

– Папа! – вскрикнула Кити и закрыла ему рот руками.

– Ну, не буду! – сказал он. – Я очень, очень… ра… Ах! как я глуп…

Он обнял Кити, поцеловал её лицо, руку, опять лицо и перекрестил её.

И Левина охватило новое чувство любви к этому прежде чуждому ему человеку, старому князю, когда он смотрел, как Кити долго и нежно целовала его мясистую руку.

burst tears of happiness. He took her hand and kissed.

– Really /is/ this the truth? – said he, finally, in a muffled voice. – I cannot believe that you love me!

She smiled at this "you" and at that timidity, with which he glanced at her.

– Yes! – Meaningfully, slowly pronounced she. – I am so happy!

She, not letting go the hand of his, came into the living room. The princess, seeing them, breathed frequently and immediately cried and at once laughing and with such an energetic step, which did not expect Levin, ran up to them and, hugging the head of Levin, kissed him and moistened his cheeks with tears.

– So all is finished! I am glad. Love her. I am glad…Kity!

– Soon settled! – said the old prince, trying to be indifferent; but Levin noticed that the eyes of his were wet, when he addressed him.

– I long, always this desired! – said he, taking by the hand Levin and pulling him to himself. – I still then when this frivolous decided…

– Papa! – exclaimed Kity and covered to him the mouth with hands.

– Well, /I/ will not! – said he. – I am very very… gla…Ah! How I /am/ silly…

He hugged Kity, kissed her face, hand, again face and crossed her.

And at Levin gripped the new feeling of love to this before alien to him person, the old prince, when he was looking how Kity long and tenderly was kissing his fleshy hand.

## XVII

Невольно перебирая в своём воспоминании впечатление разговоров, ведённых во время и после обеда, Алексей Александрович возвращался в свой одинокий нумер. Слова Дарьи Александровны о прощении произвели в нем только досаду. Приложение или неприложение христианского правила к своему случаю был вопрос слишком трудный, о котором нельзя было говорить слегка, и вопрос этот был уже давно решён Алексеем Александровичем отрицательно. Из всего сказанного наиболее запали в его воображение слова глупого, доброго Туровцына: молодецки поступил; вызвал на дуэль и убил. Все, очевидно, сочувствовали этому, хотя из учтивости и не высказали этого.

"Впрочем, это дело кончено, нечего думать об этом", – сказал себе Алексей Александрович. И, думая только о предстоящем отъезде и деле ревизии, он вошёл в свой нумер и спросил у провожавшего швейцара, где его лакей; швейцар сказал, что лакей только что вышел. Алексей Александрович велел себе подать чаю, сел к столу и, взяв Фрума, стал соображать маршрут путешествия.

– Две телеграммы, – сказал вернувшийся лакей, входя в комнату. – Извините, ваше превосходительство, я только что вышел.

Алексей Александрович взял телеграммы и распечатал. Первая телеграмма было известие о назначении Стремова на то самое место, которого желал Каренин. Алексей Александрович бросил депешу и, покраснев, встал и стал ходить по комнате. "Quos vult perdere dementat", – сказал он, разумея под quos те лица, которые содействовали этому назначению. Ему не то было досадно, что не он получил это место, что его, очевидно, обошли; но ему непонятно, удивительно было, как они не видали, что болтун, фразёр Стремов менее всякого другого способен к этому.

## XVII

Involuntarily going over in his reminiscence the impression of conversations, led at the time and after dinner, Aleksey Aleksandrovich was returning to his lonely suite. The words of Darya Aleksandrovna about forgiveness generated in him only vexation. Application or non-application of the Christian rule to his case was a question too difficult, about which impossible was to talk a little, and this question was already long solved by Aleksey Aleksandrovich negatively. Out of all the said most sank into his imagination the words of silly kind Turovtsyn: valiantly acted; called out to a duel and killed. All obviously sympathized with this, although from courtesy and did not say this.

"However, this business is finished, nothing to think about it," – told himself Aleksey Aleksandrovich. And, thinking only about the forthcoming departure and the business of revision, he entered into his suite and asked an accompanying doorkeeper where his footman /is/; the doorkeeper said that the footman just had left. Aleksey Aleksandrovich ordered to serve him tea, sat at the table and, taking Frum, began to consider the route of the journey.

– Two telegrams, – said the returning footman, entering the room. – Sorry, your excellency, I just have gone out.

Aleksey Aleksandrovich took the telegrams and unsealed. The first telegram was the news about the appointment of Stremov to that very position, which desired Karenin. Aleksey Aleksandrovich threw the dispatch and, blushing, stood up and began pacing along the room. "Quos vult perdere dementat", – said he, meaning under quos those faces who promoted this appointment. To him not that was vexing that not he got this position, that him, obviously, superseded; but to him incomprehensible, surprising was how they did not see that the chatterer, phrase-monger Stremov less than anyone else /is/ able to this.

Как они не видали, что они губили себя, свой prestige этим назначением!

"Что-нибудь ещё в этом роде", – сказал он себе желчно, открывая вторую депешу. Телеграмма была от жены. Подпись её синим карандашом, "Анна", первая бросилась ему в глаза. "Умираю, прошу, умоляю приехать. Умру с прощением спокойнее", – прочёл он. Он презрительно улыбнулся и бросил телеграмму. Что это был обман и хитрость, в этом, как ему казалось в первую минуту, не могло быть никакого сомнения.

"Нет обмана, пред которым она бы остановилась. Она должна родить. Может быть, болезнь родов. Но какая же их цель? Узаконить ребёнка, компрометировать меня и помешать разводу, – думал он. – Но что-то там сказано: умираю…" Он перечёл телеграмму; и вдруг прямой смысл того, что было сказано в ней, поразил его. "А если это правда? – сказал он себе. – Если правда, что в минуту страданий и близости смерти она искренно раскаивается, и я, приняв это за обман, откажусь приехать? Это будет не только жестоко, и все осудят меня, но это будет глупо с моей стороны".

– Петр, останови карету. Я еду в Петербург, – сказал он лакею.

Алексей Александрович решил, что поедет в Петербург и увидит жену. Если её болезнь есть обман, то он промолчит и уедет. Если она действительно больна, при смерти и желает его видеть пред смертью, то он простит её, если застанет в живых, и отдаст последний долг, если приедет слишком поздно.

Всю дорогу он не думал больше о том, что ему делать.

С чувством усталости и нечистоты, производимым ночью в вагоне, в раннем тумане Петербурга Алексей Александрович ехал по пустынному Невскому и глядел пред собою, не думая о том, что ожидало его. Он не мог думать об этом, потому что, представляя себе то, что будет, он не мог отогнать предположения

How they did not see that they were ruining themselves, their prestige by this appointment!

"Something else of this kind," – told he himself biliously, opening the second dispatch. The telegram was from the wife. A signature of hers in a blue pencil, "Anna", first attracted his eyes. "Am dying, asking, begging to come. Will die with forgiveness calmer," – read he. He disdainfully smiled and threw the telegram. That this was deception and a ruse, in this as to him seemed in the first minute, could not be any doubt.

"/There is/ no deception before which she would stop. She must give birth. Maybe, fear of labour. But what is their purpose? To legitimate a child, to discredit me and hinder a divorce, – was thinking he. – But something there is said: am dying…" He re-read the telegram; and suddenly the literal sense of that what was said in it, struck him. "And if this is the truth? – told he himself. – If the truth, that in the minute of sufferings and closeness of death she is sincerely repenting and I, taking it for a deception will refuse to come? This will be not only cruel, and all will condemn me, but this will be stupid from my side."

– Petr, stop the carriage. I am going to Petersburg, – told he the footman.

Aleksey Aleksandrovich decided that will go to Petersburg and will see the wife. If her disease is a deception, then he will keep silent and leave. If she really is ill, near death and wishes him to see before death, then he will forgive her, if finds alive, and will pay the last respects if will arrive too late.

All the way, he did not think more about that, what to him to do.

With the feeling of exhaustion and uncleanliness, produced by the night in the coach, in early fog of Petersburg Aleksey Aleksandrovich was riding along the empty Nevskiy and looking in front of himself, not thinking about that what was waiting for him. He could not think about this, because, imagining to himself that what will be, he could not banish

о том, что смерть её развяжет сразу всю трудность его положения. Хлебники, лавки запертые, ночные извозчики, дворники, метущие тротуары, мелькали в его глазах, и он наблюдал все это, стараясь заглушить в себе мысль о том, что ожидает его и чего он не смеет желать и все-таки желает. Он подъехал к крыльцу. Извозчик и карета со спящим кучером стояли у подъезда. Входя в сени, Алексей Александрович как бы достал из дальнего угла своего мозга решение и справился с ним. Там значилось: "Если обман, то презрение спокойное, и уехать. Если правда, то соблюсти приличия".

Швейцар отворил дверь ещё прежде, чем Алексей Александрович позвонил. Швейцар Петров, иначе Капитоныч, имел странный вид в старом сюртуке, без галстука и в туфлях.

– Что барыня?

– Вчера разрешились благополучно.

Алексей Александрович остановился и побледнел. Он ясно понял теперь, с какой силой он желал её смерти.

– А здоровье?

Корней в утреннем фартуке сбежал с лестницы.

– Очень плохи, – ответил он. – Вчера был докторский съезд, и теперь доктор здесь.

– Возьми вещи, – сказал Алексей Александрович, и, испытывая некоторое облегчение от известия, что есть всё-таки надежда смерти, он вошёл в переднюю.

На вешалке было военное пальто. Алексей Александрович заметил это и спросил:

– Кто здесь?

– Доктор, акушерка и граф Вронский.

Алексей Александрович прошёл во внутренние комнаты.

В гостиной никого не было; из её кабинета на звук его шагов вышла акушерка в чепце с лиловыми лентами.

the supposition about that that the death of her will untie immediately all the difficulty of his position. Bakers, shops locked, night cabmen, janitors, sweeping the pavements, were flashing in his eyes, and he was watching all this, trying to suppress in himself the thought about that, what is awaiting him and what he does not dare wish and still wishes. He rode up to the porch. The cabman and the carriage with a sleeping coachman were standing at the porch. Coming into the inner porch, Aleksey Aleksandrovich as if took from the far corner of his brain a decision and coped with it. There was stated: "If a deception, then contempt calm and to leave. If the truth, then observe the decencies."

A doorkeeper opened the door even earlier than Aleksey Aleksandrovich rang. The doorkeeper Petrov, otherwise Kapitonych, had a weird look in an old frock coat without a tie and in shoes.

– What is the Madame?

– Yesterday bore a child successfully.

Aleksey Aleksandrovich stopped and went pale. He clearly understood now with what strength he desired her death.

– And health?

Korney in a morning apron ran off the stairs.

– Very bad, – replied he. – Yesterday was a doctors' gathering, and now the doctor /is/ here.

– Take the things, – said Aleksey Aleksandrovich, and experiencing certain relief from the news that there is still so hope for death, he came into the anteroom.

On the rack was a military coat. Aleksey Aleksandrovich noticed this and asked:

– Who is here?

– A doctor, a midwife and count Vronskiy.

Aleksey Aleksandrovich passed into the inner rooms.

In the living room, no one was; from her study to the sound of his steps came out the midwife in a bonnet with mauve ribbons.

Она подошла к Алексею Александровичу и с фамильярностью близости смерти, взяв его за руку, повела в спальню.

– Слава богу, что вы приехали! Только об вас и об вас, – сказала она.

– Дайте же льду скорее! – сказал из спальни повелительный голос доктора.

Алексей Александрович прошёл в её кабинет. У её стола боком к спинке на низком стуле сидел Вронский и, закрыв лицо руками, плакал. Он вскочил на голос доктора, отнял руки от лица и увидал Алексея Александровича. Увидав мужа, он так смутился, что опять сел, втягивая голову в плечи, как бы желая исчезнуть куда-нибудь; но он сделал усилие над собой, поднялся и сказал:

– Она умирает. Доктора сказали, что нет надежды. Я весь в вашей власти, но позвольте мне быть тут... впрочем, я в вашей воле, я при...

Алексей Александрович, увидав слёзы Вронского, почувствовал прилив того душевного расстройства, которое производил в нем вид страданий других людей, и, отворачивая лицо, он, не дослушав его слов, поспешно пошёл к двери. Из спальни слышался голос Анны, говорившей что-то. Голос её был весёлый, оживлённый, с чрезвычайно определёнными интонациями. Алексей Александрович вошёл в спальню и подошёл к кровати. Она лежала, повернувшись лицом к нему. Щёки рдели румянцем, глаза блестели, маленькие белые руки, высовываясь из манжет кофты, играли, перевивая его, углом одеяла. Казалось, она была не только здорова и свежа, но в наилучшем расположении духа. Она говорила скоро, звучно и с необыкновенно правильными и прочувствованными интонациями.

– Потому что Алексей, я говорю про Алексея Александровича (какая странная, ужасная судьба, что оба Алексеи, не правда ли?), Алексей не отказал бы мне. Я бы забыла, он бы простил... Да

She came up to Aleksey Aleksandrovich and with familiarity of the closeness of death, taking him by the hand, led to the bedroom.

– Thank God that you came! Only about you and about you, – said she.

– Give the ice quicker! – said from the bedroom an imperious voice of the doctor.

Aleksey Aleksandrovich passed into her study. At her table with the side to the back on a low chair was sitting Vronskiy and, having covered the face with hands, was crying. He jumped up at the voice of the doctor, took off the hands from the face and saw Aleksey Aleksandrovich. Seeing the husband, he so was embarrassed that again sat down, drawing the head into the shoulders as if wishing to disappear somewhere; but he made an effort over himself, rose and said:

– She is dying. The doctors said that no hope. I am all in your power, but let me be here...although I am at your will, I am at...

Aleksey Aleksandrovich, seeing the tears of Vronskiy, felt a surge of that spiritual disorder which produced in him the view of the suffering of other people, and turning away the face, he not listening to the end to his words, hurriedly walked to the door. From the bedroom was heard the voice of Anna, saying something. The voice of hers was cheerful, lively, with extremely definite intonations. Aleksey Aleksandrovich came into the bedroom and approached the bed. She was lying, having turned the face to him. The cheeks were glowing with blush, the eyes were shining, small white hands, sticking out of the cuffs of the blouse were playing, interweaving it, with a corner of the blanket. /It/ seemed she was not only healthy and fresh, but in the best state of mood. She was talking fast, sonorously and with unusually correct and deep-felt intonations.

– Because Aleksey, I am talking about Aleksey Aleksandrovich (what a strange terrible fate that both are Alekseys, is not it?), Aleksey refuse would not to me. I would forget, he would forgive...But what

что ж он не едет? Он добр, он сам не знает, как он добр. Ах, боже мой, какая тоска! Дайте мне поскорее, поскорее воды! Ах, это ей, девочке моей, будет вредно! Ну, хорошо, ну дайте ей кормилицу. Ну, я согласна, это даже лучше. Он приедет, ему больно будет видеть её. Отдайте её.

— Анна Аркадьевна, он приехал. Вот он! — говорила акушерка, стараясь обратить на Алексея Александровича её внимание.

— Ах, какой вздор! — продолжала Анна, не видя мужа. — Да дайте мне её, девочку, дайте! Он ещё не приехал. Вы оттого говорите, что не простит, что вы не знаете его. Никто не знал. Одна я, и то мне тяжело стало. Его глаза, надо знать, у Серёжи точно такие же, и я их видеть не могу от этого. Дали ли Серёже обедать? Ведь я знаю, все забудут. Он бы не забыл. Надо Серёжу перевести в угольную и Mariette попросить с ним лечь.

Вдруг она сжалась, затихла и с испугом, как будто ожидая удара, как будто защищаясь, подняла руки к лицу. Она увидала мужа.

— Нету нет, — заговорила она, — я не боюсь его, я боюсь смерти. Алексей, подойди сюда. Я тороплюсь оттого, что мне некогда, мне осталось жить немного, сейчас начнётся жар, и я ничего уж не пойму. Теперь я понимаю, и все понимаю, я все вижу.

Сморщенное лицо Алексея Александровича приняло страдальческое выражение; он взял её за руку и хотел что-то сказать, но никак не мог выговорить; нижняя губа его дрожала, но он все ещё боролся с своим волнением и только изредка взглядывал на неё. И каждый раз, как он взглядывал, он видел глаза её, которые смотрели на него с такою умилённою и восторженною нежностью, какой он никогда не видал в них.

— Подожди, ты не знаешь… Постойте, постойте… — она остановилась, как бы собираясь с мыслями. — Да, начинала она. — Да, да, да. Вот что я хотела сказать. Не удивляйся на меня. Я все та

is he not riding? He is kind, he himself does not know how he is kind. Ah, my God, what yearning! Give me quicker, quicker water! Ah, this is for her, the girl of mine, will be harmful! Well, good, well give her a nurse. Well, I agree, this is even better. He will come; to him painful will be to see her. Give away her.

– Anna Arkadiyevna, he has come. Here is he! – was saying the midwife, trying to attract to Aleksey Aleksandrovich her attention.

– Ah, what nonsense! – continued Anna, not seeing the husband. – And give me her, the girl, give me! He yet has not come. You from that say that will not forgive, that you do not know him. Nobody did not know. One me, and so to me hard became. His eyes, need to know, of Serezha exactly the same, and I them see cannot from this. Did give whether to Serezha to dine? Sure, I know all will forget. He would not forget. Need Serezha to transfer to the corner /room/ and Mariette to ask with him to lie.

Suddenly she shrank, subsided and with fear, as if waiting for a blow, as if defending, rose hands to the face. She saw the husband.

No not, – spoke she, – I do not fear him, I fear death. Aleksey, come here. I hurry because of that that to me no time, to me is left to live little, now will begin the fever, and I nothing will understand. Now I understand and all understand, I all see.

Wrinkled face of Aleksey Aleksandrovich took on a suffering expression; he took her by the hand and wanted something to say, but no way could articulate; the lower lip of his was trembling, but he still was fighting his agitation and only rarely glanced at her. And each time as he glanced he saw the eyes of hers, which were looking at him with such touched and rapturous tenderness, which he never had not seen in them.

– Wait, you do not know...Stop, stop... – she stopped as if gathering the thoughts. – Yes, started she. – Yes, yes, yes. Here is what I wanted to say. Do not be surprised at me. I /am/ still the same... But in me is the

же… Но во мне есть другая, я её боюсь – она полюбила того, и я хотела возненавидеть тебя и не могла забыть про ту, которая была прежде. Та не я. Теперь я настоящая, я вся. Я теперь умираю, я знаю, что умру, спроси у него. Я и теперь чувствую, вот они, пуды на руках, на ногах, на пальцах. Пальцы вот какие – огромные! Но это все скоро кончится… Одно мне нужно: ты прости меня, прости совсем! Я ужасна, но мне няня говорила: святая мученица – как её звали? – она хуже была. И я поеду в Рим, там пустыня, и тогда я никому не буду мешать, только Серёжу возьму и девочку…Нет, ты не можешь простить! Я знаю, этого нельзя простить! Нет, нет, уйди, ты слишком хорош! – Она держала одною горячею рукой его руку, другою отталкивала его.

Душевное расстройство Алексея Александровича все усиливалось и дошло теперь до такой степени, что он уже перестал бороться с ним; он вдруг почувствовал, что то, что он считал душевным расстройством, было, напротив, блаженное состояние души, давшее ему вдруг новое, никогда не испытанное им счастье. Он не думал, что тот христианский закон, которому он всю жизнь свою хотел следовать, предписывал ему прощать и любить своих врагов; но радостное чувство любви и прощения к врагам наполняло его душу. Он стоял на коленах и, положив голову на сгиб её руки, которая жгла его огнём через кофту, рыдал, как ребёнок. Она обняла его плешивеющую голову, подвинулась к нему и с вызывающею гордостью подняла кверху глаза.

– Вот он, я знала! Теперь прощайте все, прощайте!… Опять они пришли, отчего они не выходят?… Да снимите же с меня эти шубы!

Доктор отнял её руки, осторожно положил её на подушку и накрыл с плечами. Она покорно легла навзничь и смотрела пред собой сияющим взглядом.

– Помни одно, что мне нужно было одно прощение, и ничего больше я не хочу… Отчего ж он не придёт? – заговорила она, обращаясь

other, I her fear, – she fell in love with that and I wanted to hate you and could not forget about that which had been before. That is not I. Now I /am/ real, I /am/ whole. I now am dying, I know that will die, ask him. I and now am feeling, here they are, poods on the arms, on the legs, on the fingers. The fingers such - huge! But this all soon will end.... One to me is needed: you forgive me, forgive utterly! I am horrible, but to me the nanny said, saint martyress - how her /they/ called? -she worse was. And I will go to Rome, there is a desert, and then I nobody will not hinder, only Serezha will take and the girl...No, you cannot forgive! I know this is impossible to forgive! No, no, leave, you are too good! – She was holding with one hot hand his hand; with the other was pushing away him.

Mental derangement of Aleksey Aleksandrovich still was strengthening and reached now such a stage that he already stopped fighting it; he suddenly felt that that what he considered a mental derangement was opposite, a blissful state of soul, giving him suddenly a new never experienced by him happiness. He did not think that that Christian law to which he all the life of his wanted to follow, enjoined him to forgive and to love his enemies; but a joyous feeling of love and forgiveness to enemies was filling his soul. He was standing on the knees and, having put the head on the crook of her arm, which was burning him with fire through the blouse, was sobbing like a child. She hugged his bald head, shifted to him and with pride rose up the eyes.

– Here is he, I knew! Now goodbye all, goodbye! ... Again they came, why are they not entering? ... And take off me these fur coats!

The doctor took off her hands, carefully put her on the pillow and covered with shoulders. She submissively lay supine and was looking in front of herself with shining gaze.

– Remember one that to me needed was one forgiveness, and nothing more I want...Why will he not come? - spoke she, addressing to the

в дверь к Вронскому. – Подойди, подойди! Подай ему руку.

Вронский подошёл к краю кровати и, увидав её, опять закрыл лицо руками.

– Открой лицо, смотри на него. Он святой, – сказала она. – Да открой, открой лицо! – сердито заговорила она. – Алексей Александрович, открой ему лицо! Я хочу его видеть.

Алексей Александрович взял руки Вронского и отвёл их от лица, ужасного по выражению страдания и стыда, которые были на нем.

– Подай ему руку. Прости его.

Алексей Александрович подал ему руку, не удерживая слёз, которые лились из его глаз.

– Слава богу, слава богу, – заговорила она, – теперь все готово. Только немножко вытянуть ноги. Вот так, вот прекрасно. Как эти цветы сделаны без вкуса, совсем не похоже на фиалку, – говорила она, указывая на обои. – Боже мой, боже мой! Когда это кончится? Дайте мне морфину. Доктор! дайте же морфину. Боже мой, боже мой!

И она заметалась на постели.

Доктор и доктора говорили, что это была родильная горячка, в которой из ста было 99, что кончится смертью. Весь день был жар, бред и беспамятство. К полночи больная лежала без чувств и почти без пульса.

Ждали конца каждую минуту.

Вронский уехал домой, но утром он приехал узнать, и Алексей Александрович, встретив его в передней, сказал:

– Оставайтесь, может быть, она спросит вас, – и сам провёл его в кабинет жены.

К утру опять началось волнение, живость, быстрота мысли и речи, и опять кончилось беспамятством. На третий день было то же, и доктора сказали, что есть надежда. В этот день Алексей

door to Vronskiy. - Approach, approach! Give him the hand.

Vronskiy came up to the edge of the bed and seeing her again covered the face with hands.

– Uncover your face, look at him. He is a saint, - said she. - And uncover, uncover the face! - Angrily spoke she. - Aleksey Aleksandrovich, uncover to him the face! I want to see him.

Aleksey Aleksandrovich took the hands of Vronskiy and pulled them from the face, horrible by the expression of suffering and shame, which were on it.

– Give him the hand. Forgive him.

Aleksey Aleksandrovich gave him the hand, not keeping tears, which were streaming from his eyes.

– Thank God, Thank God, – spoke she, – now all is ready. Only a little to stretch legs. Here is so, here is wonderful. How these flowers are made without taste, absolutely not resembling a violet, - was saying she, pointing at the wallpaper. – Oh, God mine, God mine! When this will end? Give me morphine. Doctor! Give morphine. God mine, God mine!

And she tumbled on the bed.

The doctor and doctors were saying that this was puerperal fever, in which out of a hundred was 99 that will end by death. All days was fever, delirium and unconsciousness. By midnight, the patient was lying without sense and almost without a pulse.

Were waiting for the end every minute.

Vronskiy left home, but in the morning, he came to learn, and Aleksey Aleksandrovich, meeting him in the anteroom, said:

– Stay, maybe she will ask for you, – and himself led him to the study of the wife.

By morning again started agitation, liveliness, fluency of thought and speech, and again ended with unconsciousness. On the third day was the same, and doctors said that /there/ is hope. On that day, Alek-

Александрович вышел в кабинет, где сидел Вронский, и, заперев дверь, сел против него.

— Алексей Александрович, — сказал Вронский, чувствуя, что приближается объяснение, — я не могу говорить, не могу понимать. Пощадите меня! Как вам ни тяжело, поверьте, что мне ещё ужаснее.

Он хотел встать. Но Алексей Александрович взял его руку и сказал:

— Я прошу вас выслушать меня, это необходимо. Я должен вам объяснить свои чувства, те, которые руководили мной и будут руководить, чтобы вы не заблуждались относительно меня. Вы знаете, что я решился на развод и даже начал это дело. Не скрою от вас, что, начиная дело, я был в нерешительности, я мучался; признаюсь вам, что желание мстить вам и ей преследовало меня. Когда я получил телеграмму, я поехал сюда с теми же чувствами, скажу больше: я желал её смерти. Но... — он помолчал в раздумье, открыть ли, или не открыть ему своё чувство. — Но я увидел её и простил. И счастье прощения открыло мне мою обязанность. Я простил совершенно. Я хочу подставить другую щёку, я хочу отдать рубаху, когда у меня берут кафтан, и молю бога только о том, чтоб он не отнял у меня счастье прощения! — Слёзы стояли в его глазах, и светлый, спокойный взгляд их поразил Вронского. — Вот моё положение. Вы можете затоптать меня в грязь, сделать посмешищем света, я не покину её и никогда слова упрёка не скажу вам, — продолжал он. — Моя обязанность ясно начертана для меня: я должен быть с ней и буду. Если она пожелает вас видеть, я дам вам знать, но теперь, я полагаю, вам лучше удалиться.

Он встал, и рыданья прервали его речь. Вронский тоже поднялся и в нагнутом, невыпрямленном состоянии исподлобья глядел на него. Он не понимал чувства Алексея Александровича. Но он чувствовал, что это было что-то высшее и даже недоступное ему в его мировоззрении.

sey Aleksandrovich came out into the study where was sitting Vronskiy and, having locked the door, sat opposite him.

– Aleksey Aleksandrovich, – said Vronskiy, feeling that is approaching an explanation, – I cannot talk, cannot understand. Spare me! However to you is hard, believe that to me is even more horrible.

He wanted to rise. But Aleksey Aleksandrovich took his hand and said:

– I ask you to listen to me, this is necessary. I must to you explain my feelings, those, which led me and will lead so that you do not err concerning me. You know that I decided upon a divorce and even started this business. /I/ will not conceal from you that beginning the business I was in indecision, I agonized; /I/ will admit to you that the desire to revenge you and her was haunting me. When I got the telegram, I rode here with the same feelings; /I/ will say more, I was desiring her death. But... – he was silent in hesitation, to open whether or not to open to him his feeling. – But I have seen her and have forgiven. And the happiness of forgiveness revealed to me my obligation. I have forgiven completely. I want to turn the other cheek, I want to give away the shirt, when from me take a caftan, and pray God only for that that he will not take away from me the happiness of forgiveness. – Tears were staying in his eyes, and the light calm gaze of them amazed Vronskiy. – Here is my position. You can trample me in mud, make a laughing stock of the world, I will not abandon her and never a word of reproach will not tell you, – continued he. – My obligation is clearly drawn for me: I must be with her and will be. If she wishes you to see, I will let you know, but now I suppose to you is better to leave.

He stood up and sobbings interrupted his speech. Vronskiy also rose and in a bent not-straightened state from under the brows was looking at him. He did not understand the feeling of Aleksey Aleksandrovich. But he felt that this was something higher and even inaccessible to him in his world-outlook.

# ЧАСТЬ ПЯТАЯ

## XIV

Левин был женат третий месяц. Он был счастлив, но совсем не так, как ожидал. На каждом шагу он находил разочарование в прежних мечтах и новое неожиданное очарование. Левин был счастлив, но, вступив в семейную жизнь, он на каждом шагу видел, что это было совсем не то, что он воображал. На каждом шагу он испытывал то, что испытывал бы человек, любовавшийся плавным, счастливым ходом лодочки по озеру, после того как он бы сам сел в эту лодочку. Он видел, что мало того, чтобы сидеть ровно, не качаясь, — надо ещё соображаться, ни на минуту не забывая, куда плыть, что под ногами вода и надо грести, и что непривычным рукам больно, что только смотреть на это легко, а что делать это хотя и очень радостно, но очень трудно.

Бывало, холостым, глядя на чужую супружескую жизнь, на мелочные заботы, ссоры, ревность, он только презрительно улыбался в душе. В его будущей супружеской жизни не только не могло быть, по его убеждению, ничего подобного, но даже все внешние формы, казалось ему, должны были быть во всем совершенно не похожи на жизнь других. И вдруг вместо этого жизнь его с женою не только не сложилась особенно, а, напротив, вся сложилась из тех самых ничтожных мелочей, которые он так презирал прежде, но которые теперь против его воли получали необыкновенную и неопровержимую значительность. И Левин видел, что устройство всех этих мелочей совсем не так легко было, как ему казалось прежде. Несмотря на то, что Левин полагал, что он имеет самые точные понятия о семейной жизни, он, как и все мужчины, представлял себе

# PART FIVE

## XIV

Levin was married the third month. He was happy, but completely not so as he expected. On every step, he found disappointment in previous dreams and new sudden charm. Levin was happy, but having entered the family life, he on every step saw that it was absolutely not that what he had imagined. On every step, he experienced that what experience would a person admiring a smooth happy floating of a boat along the lake after that as he would himself sit into this boat. He saw that less that so that to sit evenly, not swinging, - needs also to consider, not for a minute not forgetting where to sail, that under feet is water and need to row, and that to unaccustomed hands is painful, that only to look at it is easy, and that to do it is, although and very joyous, but very difficult.

Used to be, a bachelor, looking at other family life, at petty cares, quarrels, jealousy, he only contemptuously smiled in soul. In his future married life not only could not be, by his conviction, nothing similar, but even all the outer forms, seemed to him, had to be in all utterly not similar to the life of others. And suddenly instead of this, the life with his wife not only did not form specially, but opposite, all formed from those very insignificant trivia, which he so had despised before, but which now against his will received unusual and irrefutable significance. And Levin saw that the arrangement of all these trivia absolutely not so easy was as to him seemed before. Despite that that Levin supposed that he has the most precise notions about family life, he like all men, was imagining to himself involuntarily family life only as an enjoyment of love, which noth-

невольно семейную жизнь только как наслаждение любви, которой ничто не должно было препятствовать и от которой не должны были отвлекать мелкие заботы. Он должен был, по его понятию, работать свою работу и отдыхать от неё в счастии любви. Она должна была быть любима, и только. Но он, как и все мужчины, забывал, что и ей надо работать. И он удивлялся, как она, эта поэтическая, прелестная Кити, могла в первые же не только недели, в первые дни семейной жизни думать, помнить и хлопотать о скатертях, о мебели, о тюфяках для приезжих, о подносе, о поваре, обеде и т.п. Еще бывши женихом, он был поражён тою определённостью, с которою она отказалась от поездки за границу и решила ехать в деревню, как будто она знала что-то такое, что нужно, и, кроме своей любви, могла ещё думать о постороннем. Это оскорбило его тогда, и теперь несколько раз её мелочные хлопоты и заботы оскорбляли его. Но он видел, что это ей необходимо. И он, любя её, хотя и не понимал зачем, хотя и посмеивался над этими заботами, не мог не любоваться ими. Он посмеивался над тем, как она расставляла мебель, привезённую из Москвы, как убирала по-новому свою и его комнату, как вешала гардины, как распределяла будущее помещение для гостей, для Долли, как устраивала помещение своей новой девушке, как заказывала обед старику повару, как входила в препирания с Агафьей Михайловной, отстраняя её от провизии. Он видел, что старик повар улыбался, любуясь ею и слушая её неумелые, невозможные приказания; видел, что Агафья Михайловна задумчиво и ласково покачивала головой на новые распоряжения молодой барыни в кладовой; видел, что Кити была необыкновенно мила, когда она, смеясь и плача, приходила к нему объявить, что девушка Маша привыкла считать её барышней и оттого её никто не слушает. Ему это казалось мило, но странно, и он думал, что лучше бы было без этого.

Он не знал того чувства перемены, которое она испытывала после того, как ей дома иногда хотелось капусты с квасом или

ing must hinder and from which must not distract petty cares. He must, according to his notion, be working his work and rest from it in the happiness of love. She must be loved and only. But he like all men forgot that and to her needs to work. And he was surprised, how she, this poetic lovely Kity, could in the first not only weeks, in the first days of family life think, remember and bustle about tablecloths, about furniture, about mattresses for the arriving, about the tray, about the cook, about the dinner, etc. Still being a groom, he was amazed by that definiteness with which she refused from the trip abroad and decided to go to the village, as if she knew something such that /is/ necessary, and, besides her love, could else think about the irrelevant. This insulted him then, and now several times her petty bustle and cares insulted him. But he saw that to her it / is/ necessary. And he, loving her, although did not understand for what, although and chuckled at these cares, could not not admire them. He chuckled at that how she arranged the furniture, brought from Moscow, how tidied anew her and his room, how hung the window curtains, how distributed future accommodation for guests, for Dolly, how arranged accommodation for her new maid, how ordered dinner to an old man-cook, how came into bickering with Agafya Mikhailovna, dismissing her from provisions. He saw that the old man-cook was smiling, admiring her and listening to her unskilled impossible orders; saw that Agafya Mikhailovna meditatively and affectionately was shaking her head at the new orders of a young mistress in the pantry; saw that Kity was extraordinary lovely when she, laughing and crying, came to him to announce that maid Masha is used to considering her a lady and from that to her nobody listens. To him this seemed cute but strange, and he thought that better would have been without this.

He did not know that feeling of change, which she was experiencing after that how at home sometimes wanted cabbage with kvass or

конфет, и ни того, ни другого нельзя было иметь, а теперь она могла заказать, что хотела, купить груды конфет, издержать сколько хотела денег и заказать какое хотела пирожное.

Она теперь с радостью мечтала о приезде Долли с детьми, в особенности потому, что она для детей будет заказывать любимое каждым пирожное, а Долли оценит все её новое устройство. Она сама не знала, зачем и для чего, но домашнее хозяйство неудержимо влекло её к себе. Она, инстинктивно чувствуя приближение весны и зная, что будут и ненастные дни, вила, как умела, своё гнездо и торопилась в одно время и вить его и учиться, как это делать.

Эта мелочная озабоченность Кити, столь противоположная идеалу Левина возвышенного счастия первого времени, было одно из разочарований; и эта милая озабоченность, которой смысла он не понимал, но не мог не любить, было одно из новых очарований.

Другое разочарование и очарование были ссоры. Левин никогда не мог себе представить, чтобы между им и женою могли быть другие отношения, кроме нежных, уважительных, любовных, и вдруг с первых же дней они поссорились, так что она сказала ему, что он не любит её, любит себя одного, заплакала и замахала руками.

Первая эта их ссора произошла оттого, что Левин поехал на новый хутор и пробыл полчаса долее, потому что хотел проехать ближнею дорогой и заблудился. Он ехал домой, только думая о ней, о её любви, о своём счастье, и чем ближе подъезжал, тем больше разгоралась в нем нежность к ней. Он вбежал в комнату с тем же чувством и ещё сильнейшим, чем то, с каким он приехал к Щербацким делать предложение. И вдруг его встретило мрачное, никогда не виданное им в ней выражение. Он хотел поцеловать её, она оттолкнула его.

– Что ты?

– Тебе весело… – начала она, желая быть спокойно-ядовитою. Но только что она открыла рот, как слова упрёков

sweets, and neither that nor other impossible was to have, and now she could order what wanted, buy heaps of sweets, spend how much wanted money and order which wanted fancy-cake.

She now with joy was dreaming about the arrival of Dolly with children, especially because she for children will order loved by every-one fancy-cake, and Dolly will evaluate all her new arrangement. She herself did not know why and for what but household irresistibly was attracting her to itself. She, instinctively feeling the approach of spring and knowing that will be and nasty days, built as could her nest and hurried at one time and build it and learn how this to do.

This petty preoccupation of Kity, so contrary to the ideal of Levin of elevated happiness of the first time, was one of the disappointments; and this cute preoccupation, of which the sense he did not understand, but could not not love, was one of new charms.

Another disappointment and charm were quarrels. Levin never could to himself imagine, that between him and the wife could be other relations, besides tender, respectful, loving, and suddenly from the first days they quarreled, so that she told him that he does not love her, loves himself one, cried and waved hands.

The first this their quarrels occurred because Levin rode to a new farm and stayed half an hour longer, because wanted to ride by closer road and was lost. He was riding home only thinking about her, about her love, about his happiness, and the closer approached, the more flared up in him tenderness to her. He ran into a room with the same feeling and still stronger, than that with which he had arrived at the Shcherbatskiye to make a proposal. And suddenly him met a gloomy never seen by him in her expression. He wanted to kiss her; she pushed away him.

– What are you?

– To you is joyous... – started she, wishing to be calmly venomous. But just she opened the mouth as the words of reproaches of mean-

бессмысленной ревности, всего, что мучало её в эти полчаса, которые она неподвижно провела, сидя на окне, вырвались у ней. Тут только в первый раз он ясно понял то, чего он не понимал, когда после венца повёл её из церкви. Он понял, что она не только близка ему, но что он теперь не знает, где кончается она и начинается он. Он понял это по тому мучительному чувству раздвоения, которое он испытывал в эту минуту. Он оскорбился в первую минуту, но в ту же секунду он почувствовал, что он не может быть оскорблён ею, что она была он сам. Он испытывал в первую минуту чувство подобное тому, какое испытывает человек, когда, получив вдруг сильный удар сзади, с досадой и желанием мести оборачивается, чтобы найти виновного, и убеждается, что это он сам нечаянно ударил себя, что сердиться не на кого и надо перенести и утишить боль.

Никогда он с такою силой после уже не чувствовал этого, но в этот первый раз он долго не мог опомниться. Естественное чувство требовало от него оправдаться, доказать ей вину её; но доказать ей вину значило ещё более раздражать её и сделать больше тот разрыв, который был причиною всего горя. Одно привычное чувство влекло его к тому, чтобы снять с себя и на неё перенести вину; другое чувство, более сильное, влекло к тому, чтобы скорее, как можно скорее, не давая увеличиться происшедшему разрыву, загладить его. Оставаться с таким несправедливым обвинением было мучительно, но, оправдавшись, сделать ей больно было ещё хуже. Как человек, в полусне томящийся болью, он хотел оторвать, отбросить от себя больное место и, опомнившись, чувствовал, что больное место – он сам. Надо было стараться только помочь больному месту перетерпеть, и он постарался это сделать.

Они помирились. Она, сознав свою вину, но не высказав её, стала нежнее к нему, и они испытали новое, удвоенное счастье любви. Но это не помешало тому, чтобы столкновения эти не

ingless jealousy, all that had been tormenting her in this half an hour, which she immobile had spent sitting on the window, burst out of her. Here only he for the first time clearly understood that what he had not understood when after the wedding led her out of the church. He understood that she not only is close to him, but that he now does not know where ends she and begins he. He understood this by that agonizing feeling of splitting, which he was experiencing at this minute. He got insulted at the first minute, but in the same second, he felt that he cannot be insulted by her, that she was he himself. He was experiencing at the first minute a feeling similar to that, which experiences a person when getting suddenly a strong blow from behind, with vexation and desire of revenge turns around in order to find the guilty and assures that this is he himself accidentally had hit himself, that be angry /there is/ not at anyone and needs to bear and quieten the pain.

Never he with such strength afterwards already has felt this, but at this first time, he long could not collect himself. Natural feeling demanded from him to justify, to prove her the fault of hers, but to prove her the fault meant still more to annoy her and make larger that gap, which was the cause of all the grief. One habitual feeling was attracting him to that so that to take off himself and onto her to pass the fault; another feeling, more strong, was attracting him to that to sooner as possible sooner, not letting to increase the occurred gap, to expiate it. To remain with such unfair accusation was excruciating, but having justified, to make her hurt was still worse. As a person in a half-dream pining in pain, he wanted to tear away, throw away from himself the sore spot and, having collected himself, felt that the sore spot – he himself. Needed was to try only to help the sore spot to endure, and he tried this to do.

They made up. She, realizing her fault, but not speaking out it, became tenderer to him, and they experienced a new doubled feeling of love. But this did not prevent that that clashes these did not

повторялись и даже особенно часто, по самым неожиданным и ничтожным поводам. Столкновения эти происходили часто и оттого, что они не знали ещё, что друг для друга важно, и оттого, что все это первое время они оба часто бывали в дурном расположении духа. Когда один был в хорошем, а другой в дурном, то мир не нарушался, но когда оба случались в дурном расположении, то столкновения происходили из таких непонятных по ничтожности причин, что они потом никак не могли вспомнить, о чем они ссорились. Правда, когда они оба были в хорошем расположении духа, радость жизни их удвоялась. Но всё-таки это первое время было тяжёлое для них время.

Во все это первое время особенно живо чувствовалась натянутость, как бы подёргиванье в ту и другую сторону той цепи, которою они были связаны. Вообще тот медовый месяц, то есть месяц после свадьбы, от которого, по преданию, ждал Левин столь многого, был не только не медовым, но остался в воспоминании их обоих самым тяжёлым и унизительным временем их жизни. Они оба одинаково старались в последующей жизни вычеркнуть из своей памяти все уродливые, постыдные обстоятельства этого нездорового времени, когда оба они редко бывали в нормальном настроении духа, редко бывали сами собою.

Только на третий месяц супружества, после возвращения их из Москвы, куда они ездили на месяц, жизнь их стала ровнее.

repeat, and even especially often, at most unexpected and insignificant occasions. Clashes these occurred often and from that that they did not know yet what for each other is important and from that that all this first time they both frequently were in bad disposition of mind. When one was in good, and the other is bad, then the peace did not get violated, but when both happened in bad disposition, then the clashes occurred from such incomprehensible in insignificance grounds that they after no way could remember about what they had been arguing. The truth, when they both were in good disposition of mind, the joy of life of theirs doubled. But still this first time was a hard for them time.

In all this first time especially acute felt the tension, as if twitching to this and to the other side of the chain with which they were tied. Actually that honeymoon, that is a month after the wedding, from which, by tradition, was expecting Levin so much, was not only un-honey, but remained in the reminiscence of them both the most difficult and humiliating time of their life. They both equally tried in further life to cross out from their memory all ugly, shameful circumstances of this unhealthy time, when both they seldom were in normal mood of spirit, seldom were themselves.

Only on the third month of wedlock, after the return of them from Moscow where they had gone for a month, the life of theirs became more even.

# XXXIII

Вронский в первый раз испытывал против Анны чувство досады, почти злобы за её умышленное непонимание своего положения. Чувство это усиливалось ещё тем, что он не мог выразить ей причину своей досады. Если б он сказал ей прямо то, что он думал, то он сказал бы: "В этом наряде, с известной всем княжной появиться в театре – значило не только признать своё положение погибшей женщины, но и бросить вызов свету, то есть навсегда отречься от него".

Он не мог сказать ей это. "Но как она может не понимать этого, и что в ней делается?" – говорил он себе. Он чувствовал, как в одно и то же время уважение его к ней уменьшалось и увеличивалось сознание её красоты.

Нахмуренный вернулся он в свой номер и, подсев к Яшвину, вытянувшему свои длинные ноги на стул и пившему коньяк с сельтерской водой, велел себе подать того же.

– Ты говоришь, Могучий Ланковского. Это лошадь хорошая, и я советую тебе купить, – сказал Яшвин, взглянув на мрачное лицо товарища. – У него вислозадина, но ноги и голова – желать лучше нельзя.

– Я думаю, что возьму, – отвечал Вронский.

Разговор о лошадях занимал его, но ни на минуту он не забывал Анны, невольно прислушивался к звукам шагов по коридору и поглядывал на часы на камине.

– Анна Аркадьевна приказала доложить, что они поехали в театр.

Яшвин, опрокинув ещё рюмку коньяку в шипящую воду, выпил и встал, застёгиваясь.

– Что ж? поедем, – сказал он, чуть улыбаясь под усами и показывая этою улыбкой, что понимает причину мрачности Вронского, но не придаёт ей значения.

# XXXIII

Vronskiy for the first time experienced against Anna a feeling of vexation, almost anger for her intended incomprehension of her state. This feeling was intensified still by that that he could not express to her the reason of his vexation. If would he tell her directly that what he was thinking, then he say would: "In this outfit, with known to all princess to appear in the theatre – meant not only to admit her position of a doomed woman, but also to throw a challenge to the world, that is forever to renounce from it."

He could not tell her this. "But how she cannot understand this, and what in her is being done?" – was saying he to himself. He felt that at one and the same time the respect of his to her was decreasing and was increasing the awareness of her beauty.

Frowning, returned he to his suite and, having sat by Yashvin, stretching his long legs on the chair and drinking cognac with seltzer water, ordered for himself to serve the same.

– You are saying, Powerful of Lankovskiy. This horse is good, and I advise you to buy, – said Yashvin, glancing at the gloomy face of the friend. – In him a slouching butt but legs and a head – to desire better is impossible.

– I think that /I/ will take, – replied Vronskiy.

A conversation about horses was occupying him, but not for a minute, he did not forget Anna, involuntarily was listening to the sounds of steps along the hall and was glancing at the clock on the fireplace.

– Anna Arkadiyevna ordered to report that they went to the theatre.

Yashvin, having overturned another glass of cognac into the sizzling water, drank and stood up, buttoning up.

– Well? /We/ will go, – said he, a bit smiling under moustache and showing with this smile that understands the reason of gloominess of Vronskiy, but does not assign to it significance.

– Я не поеду, – мрачно отвечал Вронский.

– А мне надо, я обещал. Ну, до свиданья. А то приезжай в кресла, Красинского кресло возьми, – прибавил Яшвин, выходя.

– Нет, мне дело есть.

“С женою забота, с не-женою ещё хуже”, – подумал Яшвин, выходя из гостиницы.

Вронский, оставшись один, встал со стула и принялся ходить по комнате.

“Да нынче что? Четвёртый абонемент… Егор с женою там и мать, вероятно. Это значит – весь Петербург там. Теперь она вошла, сняла шубку и вышла на свет. Тушкевич, Яшвин, княжна Варвара… – представлял он себе. – Что ж я-то? Или я боюсь, или передал покровительство над ней Тушкевичу? Как ни смотри – глупо, глупо… И зачем она ставит меня в такое положение?” – сказал он, махнув рукой.

Этим движением он зацепил столик, на котором стояла сельтерская вода и графин с коньяком, и чуть не столкнул его. Он хотел подхватить, уронил и с досады толкнул ногой стол и позвонил.

– Если ты хочешь служить у меня, – сказал он вошедшему камердинеру, – то помни своё дело. Чтоб этого не было. Ты должен убрать.

Камердинер, чувствуя себя невиноватым, хотел оправдываться, но, взглянув на барина, понял по его лицу, что надо только молчать, и, поспешно извиваясь, опустился на ковёр и стал разбирать целые и разбитые рюмки и бутылки.

– Это не твоё дело, пошли лакея убирать и приготовь мне фрак.

Вронский вошёл в театр в половине девятого. Спектакль был во всем разгаре. Капельдинер-старичок снял шубу с Вронского и, узнав его, назвал “ваше сиятельство” и предложил не брать

— I will not go, – gloomily was replying Vronskiy.

– And to me is needed, I promised. Well, bid farewell. And that come to the seats, Krasinskiy's seat take, – added Yashvin, exiting.

– No, to me business has.

"With wife a care, with not-wife still worse," – thought Yashvin, coming out of the hotel.

Vronskiy, staying alone, stood up from the chair and took to pacing along the room.

"And today what? The fourth season ticket…Egor with the wife and mother, probably. This means – all Petersburg there. Now she entered, took off the fur-coat and went into the light. Tushkevich, Yashvin, princess Varvara…– was imagining he to himself. – What am I? Or am I afraid or have /I/ passed the patronage over her to Tushkevich? However to look – stupid, stupid…And why does she put me in such a state?" – said he, waving his hand.

With this movement, he caught the table, on which was standing seltzer water and a carafe with cognac and nearly did not push off it. He wanted to catch, dropped and from vexation pushed with the foot the table and rang.

—  If you want to serve at me, – said he to the entering valet, – then remember your business. So that this was not. You must tidy.

The valet, feeling himself innocent, wanted to justify, but, glancing at the master, understood by his face that need only to keep silent and, hurriedly wriggling, lowered to the carpet and started to sort out whole and broken glasses and bottles.

—  This is not your business, send the footman to tidy and prepare to me a tailcoat.

Vronskiy came into the theatre at half to nine. The performance was in all heat. An usher old man took the fur-coat off Vronskiy and, recognizing him, called "your excellency" and offered not to take a

нумерка, а просто крикнуть Фёдора. В светлом коридоре никого не было, кроме капельдинера и двух лакеев с шубами на руках, слушавших у двери. Из-за притворённой двери слышались звук осторожного аккомпанемента стаккато оркестра и одного женского голоса, который отчетливо выговаривал музыкальную фразу. Дверь отворилась, пропуская прошмыгнувшего капельдинера, и фраза, подходившая к концу, ясно поразила слух Вронского. Но дверь тотчас же затворилась, и Вронский не слышал конца фразы и каданса, но понял по грому рукоплесканий из-за двери, что каданс кончился. Когда он вошёл в ярко освещённую люстрами и бронзовыми газовыми рожками залу, шум ещё продолжался. На сцене певица, блестя обнажёнными плечами и бриллиантами, нагибаясь и улыбаясь, собирала с помощью тенора, державшего её за руку, неловко перелетавшие через рампу букеты и подходила к господину с рядом посередине блестевших помадой волос, тянувшемуся длинными руками через рампу с какою-то вещью, — и вся публика в партере, как и в ложах, суетилась, тянулась вперёд, кричала и хлопала. Капельмейстер на своём возвышении помогал в передаче и оправлял свой белый галстук. Вронский вошёл в середину партера и, остановившись, стал оглядываться. Нынче менее, чем когда-нибудь, обратил он внимание на знакомую, привычную обстановку, на сцену, на этот шум, на все это знакомое, неинтересное, пёстрое стадо зрителей в битком набитом театре.

Те же, как всегда, были по ложам какие-то дамы с какими-то офицерами в задах лож; те же, бог знает кто, разноцветные женщины, и мундиры, и сюртуки; та же грязная толпа в райке, и во всей этой толпе, в ложах и в первых рядах были человек сорок настоящих мужчин и женщин. И на эти оазисы Вронский тотчас обратил внимание и с ними тотчас же вошёл в сношение.

Акт кончился, когда он вошёл, и потому он, не заходя в ложу брата, прошёл до первого ряда и остановился у рампы с

check, but simply to shout for Fedor. In the light corridor, nobody was /there/, except an usher and two footmen with fur-coats on hands, listening at the door. From behind the left ajar door were heard the sound of careful accompaniment of staccato orchestra and one female voice, which was distinctly articulating a musical string-of-notes. The door opened, letting a slipping by usher, and a string-of-notes, coming to the end, clearly struck the hearing of Vronskiy. But the door immediately shut and Vronskiy did not hear the end of the string-of-notes and a cadence, but understood by the thunder of clapping from behind the door that the cadence finished. When he came into the brightly lit by chandeliers and bronze gas burners hall, the noise still continued. On the stage, a singer, shining with bare shoulders and diamonds, bending and smiling, was gathering with the help of the tenor, holding her by the hand, awkwardly flying over the footlights bouquets and was coming to a mister with the row of in the middle shining with pomade hair, stretching with long hands across the footlights with some thing, – and all the audience in the stalls, as and in boxes, was fussing, was stretching forward, was shouting and clapping. The usher on his platform was helping in passing and was smoothing his white tie. Vronskiy entered into the middle of the stalls and, stopping, began looking around. Today less than ever paid he attention to the familiar, habitual surroundings, to the stage, to this noise, to all this familiar, uninteresting, motley herd of spectators in a chock-full theatre.

The same as always were in boxes some ladies with some officers at the back of the boxes; the same, God knows who, colourful women, and uniforms, and frock-coats; the same dirty crowd in the gallery; and in all this crowd, in boxes and in the first rows were people forty real men and women. And to this oases Vronskiy immediately paid attention and with them at once entered into the intercourse.

The act finished, when he entered, and therefore he, not coming into the box of the brother, came to the first row and stopped at the footlights

Серпуховским, который, согнув колено и постукивая каблуком в рампу и издалека увидав его, подозвал к себе улыбкой.

Вронский ещё не видал Анны, он нарочно не смотрел в её сторону. Но он знал по направлению взглядов, где она. Он незаметно оглядывался, но не искал её; ожидая худшего, он искал глазами Алексея Александровича. На его счастие, Алексея Александровича нынешний раз не было в театре.

— Как в тебе мало осталось военного! — сказал ему Серпуховской. — Дипломат, артист, вот этакое что-то.

— Да, я как домой вернулся, так надел фрак, — отвечал Вронский, улыбаясь и медленно вынимая бинокль.

— Вот в этом я, признаюсь, тебе завидую. Я когда возвращаюсь из-за границы и надеваю это, — он тронул эксельбанты, — мне жалко свободы.

Серпуховской уже давно махнул рукой на служебную деятельность Вронского, но любил его по-прежнему и теперь был с ним особенно любезен.

— Жалко, ты опоздал к первому акту.

Вронский, слушая одним ухом, переводил бинокль с бенуара на бельэтаж и оглядывал ложи. Подле дамы в тюрбане и плешивого старичка, сердито мигавшего в стекле подвигавшегося бинокля, Вронский вдруг увидал голову Анны, гордую, поразительно красивую и улыбающуюся в рамке кружев. Она была в пятом бенуаре, в двадцати шагах от него. Сидела она спереди и, слегка оборотившись, говорила что-то Яшвину. Постанов её головы на красивых и широких плечах и сдержанно-возбуждённое сияние её глаз и всего лица напомнили ему её такою совершенно, какою он увидел её на бале в Москве. Но он совсем иначе теперь ощущал эту красоту. В чувстве его к ней теперь не было ничего таинственного, и потому красота её, хотя и сильнее, чем прежде, привлекала его, вместе с тем теперь оскорбляла его. Она не смотрела в его сторону,

with Serpuhovskiy, who, having bent the knee and tapping the heel at the footlights and from afar having seen him, beckoned to him with a smile.

Vronskiy yet has not seen Anna; he intentionally did not look to her side. But he knew by the direction of the looks where she /is/. He imperceptibly was looking around, but did not search for her; expecting the worst, he was looking with his eyes for Aleksey Aleksandrovich. To his happiness, Aleksey Aleksandrovich this time was not in the theatre.

– How in you little is left military! – told him Serpuhovskiy. – A diplomat, an actor, this such something.

– Yes, I as home have returned, then put on a tailcoat, – was replying Vronskiy, smiling and slowly taking out binoculars.

– Here in this I, will admit, you envy. I when return from abroad and put on this, – he touched aiguillettes – to me regret freedom.

Serpuhovskiy already long ago waved hand /gave up/ at the employment activities of Vronskiy, but loved him as before and now was with him especially amiable.

– A pity you are late for the first act.

Vronskiy, listening with one ear, was shifting binoculars from a baignoire to the dress circle and was looking over the boxes. Near the lady in a turban and a bald man, angrily blinking in the glass of the moving binoculars, Vronskiy suddenly saw the head of Anna, proud, strikingly beautiful and smiling in the frame of lace. She was in the fifth baignoire, at twenty steps from him. Was sitting she at the front and, slightly turning back, was telling something to Yashvin. The position of her head on beautiful and broad shoulders and the restrained-excited shining of her eyes and all the face reminded him of her such utterly as which he had seen her at the ball in Moscow. But he completely different now was feeling this beauty. In the feeling of his for her now was not anything mysterious, and therefore the beauty of hers, although and stronger than before, was attracting him, together with that now was insulting him. She was not looking at

но Вронский чувствовал, что она уже видела его.

Когда Вронский опять навёл в ту сторону бинокль, он заметил, что княжна Варвара особенно красна, неестественно смеётся и беспрестанно оглядывается на соседнюю ложу; Анна же, сложив веер и постукивая им по красному бархату, приглядывается куда-то, но не видит и, очевидно, не хочет видеть того, что происходит в соседней ложе. На лице Яшвина было то выражение, которое бывало на нем, когда он проигрывал. Он, насупившись, засовывал все глубже и глубже в рот свой левый ус и косился на ту же соседнюю ложу.

В ложе этой, слева, были Картасовы. Вронский знал их и знал, что Анна с ними была знакома. Картасова, худая, маленькая женщина, стояла в своей ложе и, спиной оборотившись к Анне, надевала накидку, подаваемую ей мужем. Лицо её было бледно и сердито, и она что-то взволнованно говорила. Картасов, толстый плешивый господин, беспрестанно оглядываясь на Анну, старался успокоить жену. Когда жена вышла, муж долго медлил, отыскивая глазами взгляда Анны и, видимо, желая ей поклониться. Но Анна, очевидно нарочно не замечая его, оборотившись назад, что-то говорила нагнувшемуся к ней стриженою головой Яшвину. Картасов вышел, не поклонившись, и ложа осталась пустою.

Вронский не понял того, что именно произошло между Картасовыми и Анной, но он понял, что произошло что-то унизительное для Анны. Он понял это и по тому, что видел, и более всего по лицу Анны, которая, он знал, собрала свои последние силы, чтобы выдерживать взятую на себя роль. И эта роль внешнего спокойствия вполне удавалась ей. Кто не знал её и её круга, не слыхал всех выражений соболезнования, негодования и удивления женщин, что она позволила себе показаться в свете и показаться так заметно в своём кружевном уборе и со своей

his way but Vronskiy felt that she already had seen him.

When Vronskiy again directed that to that side binoculars, he noticed that princess Varvara /is/ especially blushed, unnaturally is laughing and incessantly is looking around at the next box; Anna having folded the fan and tapping with it on red velvet, is staring somewhere but does not see, and, obviously, does not want to see that what is happening in the next box. On the face of Yashvin was that expression, which used to be on it when he lost. He, frowning, was sticking still further and further into the mouth the left moustache and was looking sideways at that same next box.

In this box, on the left were the Kartasovs. Vronskiy knew them and knew that Anna with them was acquainted. Kartasova, a thin small woman was standing in her box and, with the back having turned to Anna, was putting on a wrap, handed to her by the husband. The face of hers was pale and angry, and she something agitatedly was saying. Kartasov, a fat bald gentleman, incessantly looking back at Anna, was trying to calm down the wife. When the wife left, the husband long lingered, searching with the eyes the glance of Anna and, obviously, wishing to her to bow. But Anna, obviously intentionally not noticing him, having turned backwards, something was telling the bent to her with the shorthaired head Yashvin. Kartasov exited, not bowing, and the box remained empty.

Vronskiy did not understand what exactly had happened between the Kartasovs and Anna, but he understood that had happened something humiliating for Anna. He understood this and by that what had seen, and most of all by the face of Anna, whom, he knew, was gathering her last powers in order to endure taken upon herself role. And this role of outer calm quite turn out to her. Who did not know her and her circle, had not heard all expressions of condolence, indignation and amazement of women, that she let herself show in the world and show so noticeably in her lace garment and with her beauty, those were ad-

красотой, те любовались спокойствием и красотой этой женщины и не подозревали, что она испытывала чувства человека, выставляемого у позорного столба.

Зная, что что-то случилось, но не зная, что именно, Вронский испытывал мучительную тревогу и, надеясь узнать что-нибудь, пошёл в ложу брата. Нарочно выбрав противоположный от ложи Анны пролёт партера, он, выходя, столкнулся с бывшим полковым командиром своим, говорившим с двумя знакомыми. Вронский слышал, как было произнесено имя Карениных, и заметил, как поспешил полковой командир громко назвать Вронского, значительно взглянув на говоривших.

— А, Вронский! Когда же в полк? Мы тебя не можем отпустить без пира. Ты самый коренной наш, — сказал полковой командир.

— Не успею, очень жалко, до другого раза, — сказал Вронский и побежал вверх по лестнице в ложу брата.

Старая графиня, мать Вронского, со своими стальными букольками, была в ложе брата. Варя с княжной Сорокиной встретились ему в коридоре бельэтажа.

Проводив княжну Сорокину до матери, Варя подала руку деверю и тотчас же начала говорить с ним о том, что интересовало его. Она была взволнована так, как он редко видал её.

— Я нахожу, что это низко и гадко, и madame Картасова не имела никакого права. Madame Каренина… — начала она.

— Да что? Я не знаю.

— Как, ты не слышал?

— Ты понимаешь, что я последний об этом услышу.

— Есть ли злее существо, как эта Картасова?

— Да что она сделала?

— Мне муж рассказал… Она оскорбила Каренину. Муж её через ложу стал говорить с ней, а Картасова сделала ему сцену. Она, говорят, громко сказала что-то оскорбительное и вышла.

miring the calmness and beauty of this woman and were not suspecting that she was experiencing the feelings of a person exposed at the shame pillory.

Knowing that something had happened, but not knowing what exactly, Vronskiy was experiencing excruciating anxiety and, hoping to learn something, went to the box of the brother. Intentionally choosing the opposite from the loge of Anna span of the stalls, he, exiting, collided with the former regiment commander of his, talking with two acquaintances. Vronskiy heard how was pronounced the name of the Karenins, and noticed how hurried the regiment commander to loudly name Vronskiy, meaningfully glancing at the talking.

— Ah, Vronskiy! When into the regiment? We you cannot let go without a feast. You are the most native ours, – said the regiment commander.

— Will not be in time, very pity, until other time, – said Vronskiy and ran up the stairs to the box of brother.

The old countess, mother of Vronskiy with her steel sausage-curls was in the box of brother. Varya with princess Sorokina met to him in the corridor of the dress circle.

Having walked princess Sorokina to mother, Varya handed an arm to the brother-in-law and immediately began talking with him about that what interested him. She was agitated so as he rarely had seen her.

— I find that it is low and nasty, and Madame Kartasova did not have any right. Madame Karenina... – began she.

— But what? I do not know.

— How, you have not heard?

— You understand that I the last about this will hear.

— Is /there/ whether a more wicked creature how this Kartasova?

— But what she has done?

— To me the husband told... She insulted Karenina. The husband of hers over the box began speaking with her, and Kartasova made him a scene. She, /they/ say, loudly said something insulting and came out.

– Граф, ваша maman зовёт вас, – сказала княжна Сорокина, выглядывая из двери ложи.

– А я тебя все жду, – сказала ему мать, насмешливо улыбаясь. – Тебя совсем не видно.

Сын видел, что она не могла удержать улыбку радости.

– Здравствуйте, maman. Я шел к вам, – сказал он холодно.

– Что же ты не идёшь faire la cour a madame Karenine? – прибавила она, когда княжна Сорокина отошла. – Elle fait sensation. On oublie la Pattie pour elle.

– Maman, я вас просил не говорить мне про это, – отвечал он, хмурясь.

– Я говорю то, что говорят все.

Вронский ничего не ответил и, сказав несколько слов княжне Сорокиной, вышел. В дверях он встретил брата.

– А, Алексей! – сказал брат. – Какая гадость! Дура, больше ничего… Я сейчас хотел к ней идти… Пойдём вместе.

Вронский не слушал его. Он быстрыми шагами пошёл вниз: он чувствовал, что ему надо что-то сделать, но не знал что. Досада на неё за то, что она ставила себя и его в такое фальшивое положение, вместе с жалостью к ней за её страдания волновали его. Он сошёл вниз в партер и направился прямо к бенуару Анны.

У бенуара стоял Стремов и разговаривал с нею:

– Теноров нет больше. Le moule en est brise.

Вронский поклонился ей и остановился, здороваясь со Стремовым.

– Вы, кажется, поздно приехали и не слыхали лучшей арии, – сказала Анна Вронскому, насмешливо, как ему показалось, взглянув на него.

– Я плохой ценитель, – сказал он, строго глядя на неё.

– Как князь Яшвин, – сказала она улыбаясь, – который находит, что Патти поёт слишком громко.

– Count, your maman is calling you, – said princess Sorokina, looking from the door of the box

– And I for you still am waiting, – told him mother, mockingly smiling. – You completely are not seen.

The son saw that she could not hold the smile of joy.

– Hello, maman. I was going to you, – said he coldly.

– What you are not going to faire la cour a madame Karenine? – added she, when princess Sorokina walked away. – Elle fait sensation. On oublie la Pattie pour elle.

– Maman, I you have asked not to tell me about it, – replied he, frowning.

– I am saying that what are saying all.

Vronskiy nothing did not reply and, having said some words to princess Sorokina, exited. In the doors, he met brother.

– A, Aleksey! – said brother. – What villainy! A fool, more nothing… I now wanted to her to go…Let us go together.

Vronskiy was not listening to him. He with quick steps went downstairs: he felt that to him needs something to do but did not know what. Vexation at her for that that she was putting herself and him into such false position, together with pity for her for her sufferings were worrying him. He came downstairs into the stalls and headed straight to the baignoire of Anna.

At the baignoire was standing Stremov and was talking with her:

– Tenors /there/ are not anymore. Le moule en est brise.

Vronskiy bowed to her and stopped, greeting Stremov.

– You, seems, late arrive and did not hear the best aria, – said Anna to Vronskiy, mockingly, as to him seemed glancing at him.

– I am a bad connoisseur, – said he, strictly looking at her.

– Like prince Yashvin, – said she smiling, – which finds that Patty is singing too loud.

— Благодарю вас, — сказала она, взяв в маленькую руку в длинной перчатке поднятую Вронским афишу, и вдруг в это мгновение красивое лицо её вздрогнуло. Она встала и пошла в глубь ложи.

Заметив, что на следующий акт ложа её осталась пустою, Вронский, возбуждая шиканье затихшего при звуках каватины театра, вышел из партера и поехал домой.

Анна уже была дома. Когда Вронский вошёл к ней, она была одна в том самом наряде, в котором она была в театре. Она сидела на первом у стены кресле и смотрела пред собой. Она взглянула на него и тотчас же приняла прежнее положение.

— Анна, — сказал он.

— Ты, ты виноват во всем! — вскрикнула она со слезами отчаяния и злости в голосе, вставая.

— Я просил, я умолял тебя не ездить, я знал, что тебе будет неприятно...

— Неприятно! — вскрикнула она. — Ужасно! Сколько бы я ни жила, я не забуду этого. Она сказала, что позорно сидеть рядом со мной.

— Слова глупой женщины, — сказал он, — но для чего рисковать, вызывать...

— Я ненавижу твоё спокойствие. Ты не должен был доводить меня до этого. Если бы ты любил меня...

— Анна! К чему тут вопрос о моей любви...

— Да, если бы ты любил меня, как я, если бы ты мучался, как я... — сказала она, с выражением испуга взглядывая на него.

Ему жалко было её и всё-таки досадно. Он уверял её в своей любви, потому что видел, что только одно это может теперь успокоить её, и не упрекал её словами, но в душе своей он упрекал её.

И те уверения в любви, которые ему казались так пошлы, что ему совестно было выговаривать их, она впивала в себя и

— Thank you, – said she, having taken into the small hand in a long glove the lifted by Vronskiy playbill, and suddenly at this moment a beautiful face of hers winced. She stood up and went to the depth of the box.

Having noticed that for the next act the box of hers remained empty, Vronskiy, exciting hushing of calmed down at the sounds of cavatina theatre, came out of the stalls and rode home.

Anna already was home. When Vronskiy came in to her, she was one, in that same outfit in which she had been in the theatre. She was sitting on the first at the wall armchair and was looking in front of herself. She glanced at him and immediately assumed the previous position.

— Anna, – said he.

— You, you /are/ guilty in all! – exclaimed she with tears of despair and anger in the voice, standing up.

— I asked, I begged you not to go, I knew that to you will be unpleasant...

— Unpleasant! – exclaimed she. – Horrible! However long would I live, I will not forget this. She said that /is/ shameful to sit next to me.

— Words of a stupid woman, – said he, – but for what to risk, to cause...

— I hate your calmness. You must not have driven me to this. If would you love me...

– Anna! To what here /is/ the question about my love...

— Yes, if would you love me, like I, if would you agonize like I... – said she with the expression of fear glancing at him.

To him pitying was her and still vexing. He assured her of his love because saw that only this one can now calm down her, and did not reproach her with words, but in the soul of his he reproached her.

And those assurances of love, which to him seemed so banal that to him ashamed /it/ was to articulate them, she was imbibing in herself

понемногу успокоивалась. На другой день после этого, совершенно примирённые, они уехали в деревню.

and by little was calming down. The next day after this, completely reconciled, they left for the village.

# ЧАСТЬ СЕДЬМАЯ

## XII

Проводив гостей, Анна, не садясь, стала ходить взад и вперёд по комнате. Хотя она бессознательно (как она действовала в это последнее время в отношении ко всем молодым мужчинам) целый вечер делала все возможное для того, чтобы возбудить в Левине чувство любви к себе, и хотя она знала, что она достигла этого, насколько это возможно в отношении к женатому честному человеку и в один вечер, и хотя он очень понравился ей (несмотря на резкое различие, с точки зрения мужчин, между Вронским и Левиным, она, как женщина, видела в них то самое общее, за что и Кити полюбила и Вронского и Левина), как только он вышел из комнаты, она перестала думать о нем.

Одна и одна мысль неотвязно в разных видах преследовала её. "Если я так действую на других, на этого семейного, любящего человека, отчего же он так холоден ко мне?… и не то что холоден, он любит меня, я это знаю. Но что-то новое теперь разделяет нас. Отчего нет его целый вечер? Он велел сказать со Стивой, что не может оставить Яшвина и должен следить за его игрой. Что за дитя Яшвин? Но положим, что это правда. Он никогда не говорит неправды. Но в этой правде есть другое. Он рад случаю показать мне, что у него есть другие обязанности. Я это знаю, я с этим согласна. Но зачем доказывать мне это? Он хочет доказать мне, что его любовь ко мне не должна мешать его свободе. Но мне не нужны доказательства, мне нужна любовь. Он бы должен был понять всю тяжесть этой жизни моей здесь, в Москве. Разве я живу? Я не живу, а ожидаю развязки, которая все оттягивается

# PART SEVEN

.

## XII

Having seen off the guests, Anna, not sitting, began walking back and forth along the room. Although she unconsciously (as she acted in recent time in relation to all young men) the whole evening did all possible in order to excite in Levin the feeling of love to herself, and although she knew that she had achieved this, as how much it /is/ possible in relation to an honest married person and in one evening, and although he very appealed to her (in spite of the sharp difference, from the point of view of men, between Vronskiy and Levin, she, as a woman, saw in them that very common for what and Kity had fallen in love and with Vronskiy and Levin), as soon as he came out of the room, she stopped thinking about him.

One and one thought persistently in different kinds was haunting her. "If I so affect others, on this family loving person, why is he so cold in me? ... And not that cold, he loves me, I this know. But something new now is separating us. Why /there/ is not him the whole evening? He ordered to say with Stiva that cannot leave Yashvin and must follow his game. What a child is Yashvin? But suppose that this /is/ truth. He never does not say the untruth. But in this truth is other. He is glad for a chance to show me that for him /there/ are other obligations. I this know, I with this agree. But why prove to me this? He wants to prove to me that his love for me must not hinder his freedom. But to me are not needed proofs, to me is needed love. He would have had to understand all difficulty of this life of mine here, in Moscow. Really am I living? I am not living but expecting an outcome, which is still postponing and postponing. The answer /there/ is again

и оттягивается. Ответа опять нет! И Стива говорит, что он не может ехать к Алексею Александровичу. А я не могу писать ещё. Я ничего не могу делать, ничего начинать, ничего изменять, я сдерживаю себя, жду, выдумывая себе забавы – семейство англичанина, писание, чтение, но все это только обман, все это тот же морфин. Он бы должен пожалеть меня", – говорила она, чувствуя, как слёзы жалости о себе выступают ей на глаза.

Она услыхала порывистый звонок Вронского и поспешно утёрла эти слёзы, и не только утёрла слёзы, но села к лампе и развернула книгу, притворившись спокойною. Надо было показать ему, что она недовольна тем, что он не вернулся, как обещал, только недовольна, но никак не показывать ему своего горя и, главное, жалости о себе. Ей можно было жалеть о себе, но не ему о ней. Она не хотела борьбы, упрекала его за то, что он хотел бороться, но невольно сама становилась в положение борьбы.

– Ну, ты не скучала? – сказал он, оживлённо и весело подходя к ней. – Что за страшная страсть – игра!

– Нет, я не скучала и давно уж выучилась не скучать. Стива был и Левин.

– Да, они хотели к тебе ехать. Ну, как тебе понравился Левин? – сказал он, садясь подле неё.

– Очень. Они недавно уехали. Что же сделал Яшвин?

– Был в выигрыше, семнадцать тысяч. Я его звал. Он совсем было уж поехал. Но вернулся опять и теперь в проигрыше.

– Так для чего же ты оставался? – спросила она, вдруг подняв на него глаза. Выражение её лица было холодное и неприязненное. – Ты сказал Стиве, что останешься, чтоб увезти Яшвина. А ты оставил же его.

То же выражение холодной готовности к борьбе выразилось и на его лице.

– Во-первых, я его ничего не просил передавать тебе, во-

not! And Stiva says that he cannot ride to Aleksey Aleksandrovich. And I cannot write more. I nothing cannot do, nothing start, nothing change, I am restraining myself, am waiting, inventing for myself amusements – a family of an Englishman, writing, reading, but all this is only a deception, all this is the same morphine. He would have to pity me," – was saying she, feeling how tears of pity to herself are coming to her on the eyes.

She heard an abrupt call of Vronskiy and hurriedly wiped these tears, and not only wiped the tears but sat to the lamp and opened a book, pretending calm. Needed was to show him that she is displeased by that that he did not return as promised, only displeased, but no way not to show him her grief, and, mainly, pity to herself. To her possible was to pity about herself, but not to him about her. She did not want fight, reproached him for that that he wanted to fight, but involuntarily herself stood in the position of a fight.

— Well, you did not get bored? – said he lively and merrily coming up to her. – What a horrible passion – a game!

— No, I did not get bored and long learnt not to get bored. Stiva was and Levin.

— Yes, they wanted to you to ride. Well, how to you appealed Levin? – said he, sitting beside her.

— Very. They recently have left. What has done Yashvin?

— Was in the win, seventeen thousands. I him called. He completely, /it/ was, rode. But returned again and now /is/ in the loss.

— So for what you stayed? – asked she, suddenly rising on him the eyes. The expression of her face was cold and hostile. – You told Stiva that will stay to ride Yashvin. And you left him.

The same expression of cold readiness for a fight expressed and on his face.

— Firstly, I him nothing asked to pass to you, secondly, I never do

вторых, я никогда не говорю неправды. А главное, я хотел остаться и остался, – сказал он хмурясь. – Анна, зачем, зачем? – сказал он после минуты молчания, перегибаясь к ней, и открыл руку, надеясь, что она положит в неё свою.

Она была рада этому вызову к нежности. Но какая-то странная сила зла не позволяла ей отдаться своему влечению, как будто условия борьбы не позволяли ей покориться.

– Разумеется, ты хотел остаться и остался. Ты делаешь все, что ты хочешь. Но зачем ты говоришь мне это? Для чего? – говорила она, все более разгорячаясь. – Разве кто-нибудь оспаривает твои права? Но ты хочешь быть правым, и будь прав.

Рука его закрылась, он отклонился, и лицо его приняло ещё более, чем прежде, упорное выражение.

– Для тебя это дело упрямства, – сказала она, пристально поглядев на него и вдруг найдя название этому раздражавшему её выражению лица, – именно упрямства. Для тебя вопрос, останешься ли ты победителем со мной, а для меня… – Опять ей стало жалко себя, и она чуть не заплакала. – Если бы ты знал, в чем для меня дело! Когда я чувствую, как теперь, что ты враждебно, именно враждебно относишься ко мне, если бы ты знал, что это для меня значит! Если бы ты знал, как я близка к несчастию в эти минуты, как я боюсь, боюсь себя! – И она отвернулась, скрывая рыдания.

– Да о чем мы? – сказал он, ужаснувшись пред выражением её отчаянья и опять перегнувшись к ней и взяв её руку и целуя её. – За что? Разве я ищу развлечения вне дома? Разве я не избегаю общества женщин?

– Ещё бы! – сказала она.

– Ну, скажи, что я должен делать, чтобы ты была покойна? Я все готов сделать для того, чтобы ты была счастлива, – говорил он, тронутый её отчаянием, – чего же я не сделаю, чтоб избавить тебя от горя какого-то, как теперь, Анна! – сказал он.

not speak the untruth. And mainly, I wanted to stay and stayed, – said he frowning. – Anna, what for, what for? – said he after a minute of silence, bending over to her and opened the hand, hoping that she will put in it hers.

She was glad for this call to tenderness. But some strange power of evil was not letting her give in to her attraction, as if the conditions of the fight were not letting her resign.

— Definitely, you wanted to stay and stayed. You do all what you want. But what for are you telling me this? For what? – was saying she, all more heated. – Does anyone challenge your rights? But you want to be right, and be right.

The hand of his closed, he leant away and the face of his assumed still more than earlier stubborn expression.

— For you this /is/ a matter of stubbornness, – said she fixedly having looked at him and suddenly finding the name for this annoying her expression of the face, – exactly stubbornness. For you the question remain whether you a winner with me, and for me… – Again to her became pitying herself, and she nearly cried. – If would you know in what for me is the matter! When I am feeling, like now, that you hostile, exactly hostile treat me, if would you know what this for me means! If would you know how I /am/ close to disaster in these minutes, how I fear, fear myself! – And she turned away, hiding sobbings.

— But about what /are/ we? – said he, being horrified at the expression of hew despair and again having bended to her and taking her hand and kissing it. – For what? Do I seek amusements outside home? Do I not avoid the society of women?

— And how! – said she.

— Well, say, what I must do so that you were calm? I all am ready to do for that, so that you were happy, – was saying he, touched by her despair, – what I will not do to release you of grief some, like now, Anna! – said he.

– Ничего, ничего. – сказала она. – Я сама не знаю: одинокая ли жизнь, нервы… Ну, не будем говорить. Что ж бега? ты мне не рассказал, – спросила она, стараясь скрыть торжество победы, которая всё-таки была на её стороне.

Он спросил ужинать и стал рассказывать ей подробности бегов; но в тоне, во взглядах его, все более и более делавшихся холодными, она видела, что он не простил ей её победу, что то чувство упрямства, с которым она боролась, опять устанавливалось в нем. Он был к ней холоднее, чем прежде, как будто он раскаивался в том, что покорился. И она, вспомнив те слова, которые дали ей победу, именно: "Я близка к ужасному несчастью и боюсь себя", – поняла, что оружие это опасно и что его нельзя будет употребить другой раз. А она чувствовала, что рядом с любовью, которая связывала их, установился между ними злой дух какой-то борьбы, которого она не могла изгнать ни из его, ни, ещё менее, из своего сердца.

    – Nothing, nothing, – said she. – I myself do not know: lonely whether life, nerves … Well, /we/ will not talk. What are the races? You me did not tell, – asked she, trying to hide the triumph of victory, which still was on her side.

    He asked to dine and began telling her the details of races; but in the tone, in the glances of his, all more and more becoming colder, she saw that he did not forgive her her victory, that that feeling of stubbornness, with which she was fighting, again set up in him, He was to her colder than earlier, as if he was repenting in that that had surrendered. And she, having remembered those words, which gave her victory, exactly, "I /am/ close to horrible disaster in these minutes and fear myself!" – understood that weapon this /is/ dangerous and that it impossible will be to use the other time. And she felt that next to love, which connected them, set in between them an evil spirit of some fight, which she could not banish neither from his, nor, still less, from her heart.

## XXVII

"Уехал! Кончено!" – сказала себе Анна, стоя у окна; и в ответ на этот вопрос впечатления мрака при потухшей свече и страшного сна, сливаясь в одно, холодным ужасом наполнили её сердце.

"Нет, это не может быть!" – вскрикнула она и, перейдя комнату, крепко позвонила. Ей так страшно теперь было оставаться одной, что, не дожидаясь прихода человека, она пошла навстречу ему.

– Узнайте, куда поехал граф, – сказала она.

Человек отвечал, что граф поехал в конюшни.

– Они приказали доложить, что если вам угодно выехать, то коляска сейчас вернётся.

– Хорошо. Постойте. Сейчас я напишу записку. Пошлите Михайлу с запиской в конюшни. Поскорее.

Она села и написала:

"Я виновата. Вернись домой, надо объясниться. Ради бога приезжай, мне страшно".

Она запечатала и отдала человеку.

Она боялась оставаться одна теперь и вслед за человеком вышла из комнаты и пошла в детскую.

"Что ж, это не то, это не он! Где *его* голубые глаза, милая и робкая улыбка?" – была первая мысль её, когда она увидала свою пухлую, румяную девочку с чёрными вьющимися волосами, вместо Серёжи, которого она, при запутанности своих мыслей, ожидала видеть в детской. Девочка, сидя у стола, упорно и крепко хлопала по нем пробкой и бессмысленно глядела на мать двумя смородинами – черными глазами. Ответив англичанке, что она совсем здорова и что завтра уезжает в деревню, Анна подсела к девочке и стала пред нею вертеть пробку с графина. Но громкий, звонкий смех ребёнка и движение, которое она сделала бровью,

## XXVII

"Has left! Finished!" – told herself Anna, standing by the window; and in reply to this question the impressions of gloom at the extinguished candle and a horrible dream, merging in one, with a cold terror filled her heart.

"No, this cannot be!" – Exclaimed she, and having crossed the room, strongly rang. To her so scary now was to remain one, that not waiting the arrival of the person, she went to meet him.

– Learn where has gone the count, – said she.

The person replied that the count has gone to the stalls.

– They ordered to report that if to you please to ride out, then the carriage now will return.

– Good. Stand. Now I will write a note. Sent Mikhaila with the note to the stalls. Sooner.

She sat and wrote:

"I am guilty. Return home, need to explain. For the sake of God come, to me is scary."

She sealed the note and gave to the person.

She feared to remain one now and, following the person, came out of the room and went to the nursery.

"What is, this is not that, this is not he! Where /are/ his blue eyes, a cute and timid smile?" – was the first thought of hers when she saw her plump, ruddy girl with black wavy hair, instead of Serezha, whom she, at the confusion of her thoughts had expected to see in the nursery. The girl, sitting at the table, persistently and strong was clapping on it with the stopper and senselessly looking at mother with two currants – black eyes. Having replied to Englishwoman that she /is/ completely healthy and that tomorrow is leaving for the village; Anna sat to the girl and began in front of her to twirl the stopper of the decanter. But the loud ringing laughter of the child and the movement, which she did

так живо ей напомнили Вронского, что, удерживая рыдания, она поспешно встала и вышла. "Неужели все кончено? Нет, это не может быть, – думала она. – Он вернётся. Но как он объяснит мне эту улыбку, это оживление после того, как он говорил с ней? Но и не объяснит, всё-таки поверю. Если я не поверю, то мне остаётся одно, – а я не хочу".

Она посмотрела на часы. Прошло двенадцать минут. "Теперь уж он получил записку и едет назад. Недолго, ещё десять минут… Но что, если он не приедет? Нет, этого не может быть. Надо, чтобы он не видел меня с заплаканными глазами. Я пойду умоюсь. Да, да, причесалась ли я, или нет?" – спросила она себя. И не могла вспомнить. Она ощупала голову рукой. "Да, я причёсана, но когда, решительно не помню". Она даже не верила своей руке и подошла к трюмо, чтоб увидать, причёсана ли она в самом деле, или нет? Она была причёсана и не могла вспомнить, когда она это делала. "Кто это?" – думала она, глядя в зеркало на воспалённое лицо со странно блестящими глазами, испуганно смотревшими на неё. "Да это я", – вдруг поняла она, и, оглядывая себя всю, она почувствовала вдруг на себе его поцелуи и, содрогаясь, двинула плечами. Потом подняла руку к губам и поцеловала её.

"Что это, я с ума схожу", – и она пошла в спальню, где Аннушка убирала комнату.

– Аннушка, – сказала она, останавливаясь пред ней и глядя на горничную, сама не зная, что скажет ей.

– К Дарье Александровне вы хотели ехать, – как бы понимая, сказала горничная.

– К Дарье Александровне? Да, я поеду.

"Пятнадцать минут туда, пятнадцать назад. Он едет уже, он приедет сейчас. – Она вынула часы и посмотрела на них. – Но как он мог уехать, оставив меня в таком положении? Как он может жить, не примирившись со мною?" Она подошла к окну и стала

with the eyebrow, so lively to her reminded of Vronskiy that, holding back sobbings, she hurriedly stood and went out. "Really is all over? No, this cannot be, – was thinking she. He will return. But how he will explain to me this smile, this liveliness after that how he talked to her? But and will not explain, still will believe. If I will not believe, then to me remains one – and I do not want."

She looked at the clock. Have passed twelve minutes. "Now he has received the note and is riding back. Not long, more ten minutes… But what if he will not arrive? No, this cannot be. Needs so that he did not see me with tear-stained eyes. I will go wash. Yes, yes, have combed whether I, or not?" – asked she herself. And could not remember. She probed the head with the hand. "Yes, I am combed, but when decisively do not remember." She even did not believe her hand and came up to the pier-glass to see /is/ combed whether she actually or not? She was combed and could not remember when she this did. "Who /is/ this?" – was thinking she, looking in the mirror at the inflamed face with weirdly shining eyes, scary looking at her. "But this is I," – suddenly realized she and, looking over herself all, she felt suddenly on herself his kisses and, shuddering, moved the shoulders. Then rose a hand to the lips and kissed it.

"What /is/ this, I out of mind am getting," – and she went to the bedroom where Annushka was tidying the room.

— Annushka, – said she, stopping in front of her and looking at the maid, herself not knowing what will tell her.

— To Darya Aleksandrovna you wanted to go, – as if understanding, said the maid.

— To Darya Aleksandrovna? Yes, I will go.

"Fifteen minutes there, fifteen back. He is riding already, he will arrive now. – She took out the watch and looked at it. – But how he could go, leaving me in such a state? How he can live, not having reconciled with me?" She came up to the window and started looking at

смотреть на улицу. По времени он уже мог вернуться. Но расчёт мог быть неверен, и она вновь стала вспоминать, когда он уехал, и считать минуты.

В то время как она отходила к большим часам, чтобы проверить свои, кто-то подъехал. Взглянув из окна, она увидала его коляску. Но никто не шел на лестницу, и внизу слышны были голоса. Это был посланный, вернувшийся в коляске. Она сошла к нему.

— Графа не застали. Они уехали на Нижегородскую дорогу.

— Что тебе? Что?... — обратилась она к румяному, весёлому Михайле, подававшему ей назад её записку.

"Да ведь он не получил её", — вспомнила она.

— Поезжай с этой же запиской в деревню к графине Вронской, знаешь? И тотчас же привези ответ, — сказала она посланному.

"А я сама, что же я буду делать? — подумала она. — Да, я поеду к Долли, это правда, а то я с ума сойду. Да, я могу ещё телеграфировать". И она написала депешу:

"Мне необходимо переговорить, сейчас приезжайте".

Отослав телеграмму, она пошла одеваться. Уже одетая и в шляпе, она опять взглянула в глаза потолстевшей, спокойной Аннушки. Явное сострадание было видно в этих маленьких добрых серых глазах.

— Аннушка, милая, что мне делать? — рыдая, проговорила Анна, беспомощно опускаясь на кресло.

— Что же так беспокоиться, Анна Аркадьевна! Ведь это бывает. Вы поезжайте, рассеетесь, — сказала горничная.

— Да, я поеду, — опоминаясь и вставая, сказала Анна. — А если без меня будет телеграмма, прислать к Дарье Александровне... Нет, я сама вернусь.

"Да, не надо думать, надо делать что-нибудь, ехать, главное — уехать из этого дома", — сказала она, с ужасом прислушиваясь к

the street. By the time, he already could return. But the counting could be incorrect and she again began to remember when he had left, and to count minutes.

At that time as she was going away to the big clock to check hers, someone arrived. Having glanced out of the window, she saw his carriage. But no one was going on the stairs, and below were heard voices. This was the sent, returning in the carriage. She stepped down to him.

—    The count /we/ did not catch. They had left for the Nizhegorodskaya road.

—    What to you? What? … – addressed she to the ruddy cheerful Mikhaila, handing her back her note.

"But indeed he did not get it," – remembered she

—    Ride with this same note to the village to countess Vronskaya, /you/ know? And immediately bring the answer, – told she the sent.

"And I myself, what I will do? – thought she. – Yes, I will go to Dolly, this /is/ true, or that I out of mind will go. Yes, I can else cable." And she wrote a dispatch:

"To me need to talk, now come."

Having sent the telegram, she went to dress. Already dressed and in a hat, she again glanced into the eyes of gained weight calm Annushka. Obvious compassion was seen in these small kind grey eyes.

– Annushka, sweet, what to me to do? – sobbing, articulated Anna, helplessly lowering herself onto the chair.

– What so worry, Anna Arkadiyevna! Indeed this happens. You go, distract, – said the maid.

– Yes, I will go, – and standing up, said Anna. – And if without me will be a telegram, to send to Darya Aleksandrovna… No, I myself will return.

"Yes, not need to think, need to do something, ride, the main – to leave from this house," – said she, with horror listening to the horrible

страшному клокотанью, происходившему в её сердце, и поспешно вышла и села в коляску.

— Куда прикажете? — спросил Петр, пред тем как садиться на козлы.

— На Знаменку, к Облонским.

boiling happening in her heart, and hurriedly exited and sat in the carriage.

— Where will order? – asked Petr before that as to sit on the coach-box.

— To Znamenka, to the Oblonskiye.

# XXX

"Вот она опять! Опять я понимаю все", – сказала себе Анна, как только коляска тронулась и, покачиваясь, загремела по мелкой мостовой, и опять одно за другим стали сменяться впечатления.

"Да, о чем я последнем так хорошо думала? – старалась вспомнить она. – Тютькин, coiffer? Нет, не то. Да, про то, что говорит Яшвин: борьба за существование и ненависть – одно, что связывает людей. Нет, вы напрасно едете, – мысленно обратилась она к компании в коляске четвернёй, которая, очевидно, ехала веселиться за город. – И собака, которую вы везёте с собой, не поможет вам. От себя не уйдёте". Кинув взгляд в ту сторону, куда оборачивался Петр, она увидала полумертвопьяного фабричного с качающеюся головой, которого вез куда-то городовой. "Вот этот – скорее, – подумала она.

– Мы с графом Вронским также не нашли этого удовольствия, хотя и много ожидали от него". И Анна обратила теперь в первый раз тот яркий свет, при котором она видела все, на свои отношения с ним, о которых прежде она избегала думать. "Чего он искал во мне? Любви не столько, сколько удовлетворения тщеславия". Она вспоминала его слова, выражение лица его, напоминающее покорную легавую собаку, в первое время их связи. И все теперь подтверждало это. "Да, в нем было торжество тщеславного успеха. Разумеется, была и любовь, но большая доля была гордость успеха. Он хвастался мной. Теперь это прошло. Гордиться нечем. Не гордиться, а стыдиться. Он взял от меня все, что мог, и теперь я не нужна ему. Он тяготится мною и старается не быть в отношении меня бесчестным. Он проговорился вчера – он хочет развода и женитьбы, чтобы сжечь свои корабли. Он любит меня – но как? The zest is gone. Этот хочет всех удивить и очень доволен собой, – подумала она, глядя на румяного приказчика,

## XXX

"Here she again! Again I understand all," – told herself Anna, as soon as the carriage started off and, shaking, rattled along the small pavement, and again one after other began changing impressions.

"Yes, about what I last so well was thinking? – was trying to remember she. – Tutkin, coiffer? No, not that. Yes, about that what Yashvin says, fight for existence and hatred – one, which connects people. No, you vainly are riding, – mentally addressed she to the company in the carriage of quadruplets, which, obviously was riding to have fun out of city. – And the dog, which you are carrying with you, will not help you. From yourself will not go." Having cast a glance at that side, where was turning around Petr, she saw a half-dead-drunk factory man with a shaking head, which was driving somewhere a policeman. "Here this – sooner, – thought she.

–   We with count Vronskiy also did not find this pleasure, although and much expected from it." And Anna turned now for the first time that bright light with which she was seeing all, on her relationships with him, about which before she avoided thinking. "What he was seeking in me? Love not so much, how much satisfaction of vanity." She was remembering his words, the expression of the face of his, reminding a submissive setter dog, at the first time of their affair. And all now confirmed this. "Yes, in him was the triumph of the vain success. Certainly, was and love, but a big share was pride of success. He was boasting with me. Now this passed. To be proud of nothing. Not to be proud, but to be ashamed. He took from me all that could and now I am not needed to him. He is weighed down by me and tries not to be in relation to me dishonest. He blurted yesterday – he wants a divorce and a marriage to burn his ships. He loves me – but how? The zest is gone. This wants all to surprise and /is/ very pleased with himself, – thought she, looking at a ruddy counterman, riding on a manege horse. – Yes,

ехавшего на манежной лошади. – Да, того вкуса уж нет для него во мне. Если я уеду от него, он в глубине души будет рад".

Это было не предположение, – она ясно видела это в том пронзительном свете, который открывал ей теперь смысл жизни и людских отношений.

"Моя любовь все делается страстнее и себялюбивее, а его все гаснет и гаснет, и вот отчего мы расходимся, – продолжала она думать. – И помочь этому нельзя. У меня все в нем одном, и я требую, чтоб он весь больше и больше отдавался мне. А он все больше и больше хочет уйти от меня. Мы именно шли навстречу до связи, а потом неудержимо расходимся в разные стороны. И изменить этого нельзя. Он говорит мне, что я бессмысленно ревнива, и я сама говорила себе, что я бессмысленно ревнива; но это неправда. Я не ревнива, а я недовольна. Но… – Она открыла рот и переместилась в коляске от волнения, возбужденного в ней пришедшею ей вдруг мыслью. – Если б я могла быть чем-нибудь, кроме любовницы, страстно любящей одни его ласки; но я не могу и не хочу быть ничем другим. И я этим желанием возбуждаю в нем отвращение, а он во мне злобу, и это не может быть иначе. Разве я не знаю, что он не стал бы обманывать меня, что он не имеет видов на Сорокину, что он не влюблён в Кити, что он не изменит мне? Я все это знаю, но мне от этого не легче. Если он, не любя меня, из долга будет добр, нежен ко мне, а того не будет, чего я хочу, – да это хуже в тысячу раз даже, чем злоба! Это – ад! А это-то и есть. Он уж давно не любит меня. А где кончается любовь, там начинается ненависть. Этих улиц я совсем не знаю. Горы какие-то, и все дома, дома… И в домах все люди, люди… Сколько их, конца нет, и все ненавидят друг друга. Ну, пусть я придумаю себе то, чего я хочу, чтобы быть счастливой. Ну? Я получаю развод, Алексей Александрович отдаёт мне Серёжу, и я выхожу замуж за Вронского". Вспомнив

that taste already is not for him in me. If I go away from him, he in the depth of soul will be glad."

This was not an assumption – she clearly saw this in that piercing light, which was uncovering to her now the sense of life and human relationships.

"My love all is made more passionate and self-loving, and his all is extinguishing and extinguishing and here is from what we are diverging, – continued she thinking. – And to help this is impossible. To me all /is/ in him one, and I demand so that he all more and more gave himself to me. And he all more and more wants to go away from me. We exactly were going towards before the affair, and then are diverging to different sides. And to change this is impossible. He tells me, that I /am/ senselessly jealous, and I myself told me that I /am/ senselessly jealous; but this /is/ not truth. I am not jealous, but I am displeased. But... – She opened the mouth and moved in the carriage from agitation, excited in her by coming to her suddenly thought. – If would I be able to be something except a mistress, passionately loving one his caresses; but I cannot and do not want to be nothing other. And I with this desire excite in him repulsion, and he in me anger, and this cannot be otherwise. Really do I not know that he would not get to deceive me, that he does not have views on Sorokina, that he is not in love with Kity, that he will not cheat on me? I all this know, but to me from this is not easier. If he, not loving me, out of duty will be kind, tender to me, and that will not be, what I want, – yes this /is/ worse a thousand times even than anger! This – hell! And this very is. He already long does not love me. And where ends love, there begins hatred. These streets I completely do not know. Mountains some, and all houses, houses... And in houses all people, people... How many of them, end /there/ is no, and all hate each other. Well, let I think up to myself that what I want to be happy. Well? I get a divorce, Aleksey Aleksandrovich gives me Serezha, and I get married to Vronskiy."

об Алексее Александровиче, она тотчас с необыкновенною живостью представила себе его, как живого, пред собой, с его кроткими, безжизненными, потухшими глазами, синими жилами на белых руках, интонациями и треском пальцев, и, вспомнив то чувство, которое было между ними и которое тоже называлось любовью, вздрогнула от отвращения. "Ну, я получу развод и буду женой Вронского. Что же, Кити перестанет так смотреть на меня, как она смотрела нынче? Нет. Серёжа перестанет спрашивать или думать о моих двух мужьях? А между мною и Вронским какое же я придумаю новое чувство? Возможно ли какое-нибудь не счастье уже, а только не мученье? Нет и нет! – ответила она себе теперь без малейшего колебания. – Невозможно! Мы жизнью расходимся, и я делаю его несчастье, он моё, и переделать ни его, ни меня нельзя. Все попытки были сделаны, винт свинтился. Да, нищая с ребёнком. Она думает, что жалко её. Разве все мы не брошены на свет затем только, чтобы ненавидеть друг друга и потому мучать себя и других? Гимназисты идут, смеются. Серёжа? – вспомнила она. – Я тоже думала, что любила его, и умилялась над своею нежностью. А жила же я без него, променяла же его на другую любовь и не жаловалась на этот промен, пока удовлетворялась той любовью". И она с отвращением вспомнила про то, что называла той любовью. И ясность, с которою она видела теперь свою и всех людей жизнь, радовала её. "Так и я, и Петр, и кучер Фёдор, и этот купец, и все те люди, которые живут там по Волге, куда приглашают эти объявления, и везде, и всегда", – думала она, когда уже подъехала к низкому строению Нижегородской станции и к ней навстречу выбежали артельщики.

– Прикажете до Обираловки? – сказал Петр.

Она совсем забыла, куда и зачем она ехала, и только с большим усилием могла понять вопрос.

– Да, – сказала она ему, подавая кошелёк с деньгами, и, взяв в

Having remembered about Aleksey Aleksandrovich, she immediately with unusual liveliness imagined him to herself, as live, before her, with his meek, lifeless, lackluster eyes, blue veins on white hands, intonations and crack of fingers, and having remembered that feeling, which was between them and which also was called love, flinched from disgust. "Well, I will get a divorce and will be the wife of Vronskiy. What then, Kity will stop so looking at me like she had been looking today? No. Serezha will stop asking or thinking about my two husbands? And between me and Vronskiy which I will think up a new feeling? Possible whether some not happiness already, only not suffering? No and no! – replied she to herself now without the slightest hesitation. – Impossible! We with life are diverging, and I am making his unhappiness, he mine and redo neither him nor me impossible. All attempts were made, the screw has unscrewed. Yes, a beggar with a child. She thinks that pity her. Indeed are all we not thrown into the world for that only to hate each other and therefore to torture selves and others? Gymnasia pupils are going, laughing. Serezha? – remembered she. – I also thought that loved him, and was touched by my tenderness. And did live I without him, exchanged him for other love and did not complain about this exchange, while I was satisfying with that love." And she with disgust remembered about that, what called that love. And clarity with which she saw now her and all people's life was pleasing her. "So and I, and Petr, and coachman Fedor, and this merchant, and all these people, which live there along the Volga, where invite these advertisements, and everywhere, and always," – was thinking she, when already rode up to the low building of Nizhegorodskaya station and to her to meet ran out artel-men

— Will order to Obiralovka? – asked Petr.

She completely forgot where and why she was riding, and only with a big effort could understand the question.

— Yes, – told she him, handing a purse with money, and having

руку маленький красный мешочек, вышла из коляски.

Направляясь между толпой в залу первого класса, она понемногу припоминала все подробности своего положения и те решения, между которыми она колебалась. И опять то надежда, то отчаяние по старым наболевшим местам стали растравлять раны её измученного, страшно трепетавшего сердца. Сидя на звездообразном диване в ожидании поезда, она, с отвращением глядя на входивших и выходивших (все они были противны ей), думала то о том, как она приедет на станцию, напишет ему записку и что́ она напишет ему, то о том, как он теперь жалуется матери (не понимая её страданий) на своё положение, и как она войдёт в комнату, и что́ она скажет ему. То она думала о том, как жизнь могла бы быть ещё счастлива, и как мучительно она любит и ненавидит его, и как страшно бьётся её сердце.

taken in hand a small red pouch, came out of the carriage.

Heading among the crowd into the hall of the first class, she by little remembered all details of her position and those decisions between which she had hesitated. And again then, hope and then despair for old sore spots began embittering the wounds of her tormented terribly fluttering heart. Sitting on the star-like sofa in waiting for the train, she, with disgust looking at the entering and exiting (all they were disgusting to her), was thinking then about that how she will arrive at the station, will write him a note and what she will write him, then about how he now is complaining to mother (not understanding her sufferings) about his position, and how she will enter the room and what she will tell him. Then she was thinking about that, how life could have been still happy, and how painfully she loves and hates him, and how terribly is beating her heart.

# XXXI

Раздался звонок, прошли какие-то молодые мужчины, уродливые, наглые и торопливые и вместе внимательные к тому впечатлению, которое они производили; прошёл и Петр через залу в своей ливрее и штиблетах, с тупым животным лицом, и подошёл к ней, чтобы проводить её до вагона. Шумные мужчины затихли, когда она проходила мимо их по платформе, и один что-то шепнул об ней другому, разумеется что-нибудь гадкое. Она поднялась на высокую ступеньку и села одна в купе на пружинный испачканный, когда-то белый диван. Мешок, вздрогнув на пружинах, улёгся. Петр с дурацкой улыбкой приподнял у окна в знак прощания свою шляпу с галуном, наглый кондуктор захлопнул дверь и щеколду. Дама, уродливая, с турнюром (Анна мысленно раздела эту женщину и ужаснулась на её безобразие), и девочка ненатурально смеясь, пробежали внизу.

– У Катерины Андреевны, все у неё, ma tante! – прокричала девочка.

“Девочка – и та изуродована и кривляется”, – подумала Анна. Чтобы не видать никого, она быстро встала и села к противоположному окну в пустом вагоне. Испачканный уродливый мужик в фуражке, из-под которой торчали спутанные волосы, прошёл мимо этого окна, нагибаясь к колёсам вагона. “Что-то знакомое в этом безобразном мужике”, – подумала Анна. И, вспомнив свой сон, она, дрожа от страха, отошла к противоположной двери. Кондуктор отворял дверь, впуская мужа с женой.

– Вам выйти угодно?

Анна не отвечала. Кондуктор и входившие не заметили под вуалем ужаса на её лице. Она вернулась в свой угол и села. Чета села с противоположной стороны, внимательно, но скрытно оглядывая ее платье. И муж, и жена казались отвратительны Анне. Муж спросил: позволит ли она курить, очевидно не для того,

# XXXI

Sounded the bell, passed by some young men, ugly, impudent and hurrying and together attentive to that impression, which they were producing; passed by and Petr through the hall in his livery and lace-up shoes, with a dumb animal face, and came up to her, to walk her to the carriage. Noisy men fell silent, when she was passing past them on the platform and one something whispered about her to the other, definitely something nasty. She rose on the high step and sat one in a compartment on a spring stained once white couch. The sack, having flinched on the strings, lay down. Petr with a stupid smile raised at the window as a sign of farewell his hat with a galloon; an impudent conductor slammed the door and the latch. The lady, ugly, with a crinolette (Anna mentally undressed this woman and was horrified at her ugliness) and a girl, unnaturally laughing, ran below.

– At Katerina Andreevna, all at her, ma tante! – shouted the girl.

"The girl – and that /is/ disfigured and is mincing," – thought Anna. So that not to see nobody, she quickly stood up and sat by the opposite window in an empty carriage. Stained ugly man in a service cap, from under which were sticking mingled hair, walked past this window, bending to the wheels of the car. "Something familiar in this ugly man," – thought Anna. And, having remembered her dream, she, trembling from fear, went away to the opposite door. The conductor was unlocking the door, letting in a husband with a wife.

– To you to exit wish?

Anna was not answering. The conductor and the entering did not notice under the veil horror on her face. She returned to her corner and sat. The couple sat at the opposite side, attentively but secretly looking over her dress. And husband and wife seemed disgusting to Anna. The husband asked, will let whether she smoke, obviously not for that in

чтобы курить, но чтобы заговорить с нею. Получив её согласие, он заговорил с женой по-французски о том, что ему ещё менее, чем курить, нужно было говорить. Они говорили, притворяясь, глупости, только для того, чтобы она слыхала. Анна ясно видела, как они надоели друг другу и как ненавидят друг друга. И нельзя было не ненавидеть таких жалких уродов.

Послышался второй звонок и вслед за ним передвижение багажа, шум, крик и смех. Анне было так ясно, что никому нечему было радоваться, что этот смех раздражил её до боли, и ей хотелось заткнуть уши, чтобы не слыхать его. Наконец прозвенел третий звонок, раздался свисток, визг паровика, рванулась цепь, и муж перекрестился. "Интересно бы спросить у него, что он подразумевает под этим", – с злобой взглянув на него, подумала Анна. Она смотрела мимо дамы в окно на точно как будто катившихся назад людей, провожавших поезд и стоявших на платформе. Равномерно вздрагивая на стычках рельсов, вагон, в котором сидела Анна, прокатился мимо платформы, каменной стены, диска, мимо других вагонов; колёса плавнее и маслянее, с лёгким звоном зазвучали по рельсам, окно осветилось ярким вечерним солнцем, и ветерок заиграл занавеской. Анна забыла о своих соседях в вагоне и, на лёгкой качке езды вдыхая в себя свежий воздух, опять стала думать.

"Да, на чем я остановилась? На том, что я не могу придумать положения, в котором жизнь не была бы мученьем, что все мы созданы затем, чтобы мучаться, и что мы все знаем это и все придумываем средства, как бы обмануть себя. А когда видишь правду, что же делать?"

– На то дан человеку разум, чтобы избавиться от того, что его беспокоит, – сказала по-французски дама, очевидно довольная своею фразой и гримасничая языком.

Эти слова как будто ответили на мысль Анны.

order to smoke, but in order to talk with her. Having got her consent, he spoke to his wife in French about that that to him still less than to smoke needed was to speak. They were talking, pretending, nonsenses, only for that so that she heard. Anna clearly saw how they had bored each other and how hate each other. And impossible was not to hate such miserable freaks.

Was heard the second bell and following it the movement of luggage, noise, shouting and laughter. To Anna was so clear that to nobody for nothing was to be glad that this laughter annoyed her to pain, and to her wanted to plug the ears in order not to hear it. Finally rang the third bell, sounded a whistle, screech of the steam engine, darted the chain and the husband crossed himself. "Interesting would /be/ to ask him what he means under this," – with anger having glanced at him, thought Anna. She was looking past the lady in the window at exactly as if riding backwards people, seeing off the train and standing on the platform. Evenly shuddering at junctions of the rails, the car in which was sitting Anna, rode past the platform, a stone wall, a disk, past other carriages; the wheels more smoothly and more oily, with a slight ringing sounded upon the rails, the window lit up by bright evening sun, and the wind began playing with the curtain. Anna forgot about her neighbours in the carriage and, on light rocking of riding, inhaling in herself fresh air, again started thinking.

"Yes, on what I have stopped? On that, that I cannot think up a state in which life would not be a torment, that all we are created for that in order to suffer and that we all know this and still are thinking up means how would deceive ourselves. And when see the truth, what to do?"

  –   For that is given to a human a mind in order to get rid of that, what is bothering him, – said in French the lady, obviously pleased with her phrase and grimacing with a tongue.

These words as if answered the thought of Anna.

"Избавиться от того, что беспокоит", – повторяла Анна. И, взглянув на краснощёкого мужа и худую жену, она поняла, что болезненная жена считает себя непонятою женщиной и муж обманывает её и поддерживает в ней это мнение о себе. Анна как будто видела их историю и все закоулки их души, перенеся свет на них. Но интересного тут ничего не было, и она продолжала свою мысль.

"Да, очень беспокоит меня, и на то дан разум, чтоб избавиться; стало быть, надо избавиться. Отчего же не потушить свечу, когда смотреть больше не на что, когда гадко смотреть на всё это? Но как? Зачем этот кондуктор пробежал по жёрдочке, зачем они кричат, эти молодые люди в том вагоне? Зачем они говорят, зачем они смеются? Все неправда, все ложь, все обман, все зло!…"

Когда поезд подошёл к станции, Анна вышла в толпе других пассажиров и, как от прокажённых, сторонясь от них, остановилась на платформе, стараясь вспомнить, зачем она сюда приехала и что намерена была делать. Все, что ей казалось возможно прежде, теперь так трудно было сообразить, особенно в шумящей толпе всех этих безобразных людей, не оставлявших её в покое. То артельщики подбегали к ней, предлагая ей свои услуги; то молодые люди, стуча каблуками по доскам платформы и громко разговаривая, оглядывали её, то встречные сторонились не в ту сторону. Вспомнив, что она хотела ехать дальше, если нет ответа, она остановила одного артельщика и спросила, нет ли тут кучера с запиской к графу Вронскому.

– Граф Вронский? От них сейчас тут были. Встречали княгиню Сорокину с дочерью. А кучер какой из себя?

В то время как она говорила с артельщиком, кучер Михайла, румяный, весёлый, в синей щегольской поддевке и цепочке, очевидно гордый тем, что он так хорошо исполнил поручение,

"Get rid of that, what is bothering," – was repeating Anna. And, having glanced at the red-cheeked husband and a thin wife, she understood that sickly wife considers herself misunderstood woman and the husband deceives her and supports in her this opinion about herself. Anna as if saw their story and all lanes of their souls, transferring light onto them. But interesting here nothing was not, and she continued her thought.

"Yes, very bothers me and for that is given mind in order to get rid; therefore, needs to get rid of. Why not blow out the candle, when to look more /there is/ not on anything, when nasty /is/ to look on all this? But how? What for this conductor ran along the perch, for what are they shouting, these young people in that carriage? What for they are talking, what for they are laughing? All /is/ untruth, all /is/ a lie, all /is/ a deception, all /is/ evil! …"

When the train came to the station, Anna exited in the crowd of other passengers and, as from lepers eschewing from them, stopped on the platform, trying to remember what for she here came and what intended was to do. All that to her seemed possible before, now so difficult was to consider, especially in noisy crowd of all these ugly people, not leaving her in peace. Then artel-workers ran up to her, offering her their services; then young men, tramping with heels on the boards of the platform and loudly talking, were looking over her, then oncoming were stepping aside not to that side. Having remembered that she wanted to ride further, if /there is/ no answer, she stopped one artel-worker and asked not whether /is/ here a coachman with a note to count Vronskiy.

– Count Vronskiy? From them now here were. Were meeting princess Sorokina with a daughter. And the coachman which is himself?

At that time as she was speaking with the artel-worker, the coachman Mikhaila, ruddy, cheerful, in a blue dandy long-tight-fitting-coat and a chain, obviously proud by that that he so well executed the order,

подошёл к ней и подал записку. Она распечатала, и сердце её сжалось ещё прежде, чем она прочла.

"Очень жалею, что записка не застала меня. Я буду в десять часов", — небрежным почерком писал Вронский.

"Так! Я этого ждала!" — сказала она себе с злою усмешкой.

— Хорошо, так поезжай домой, — тихо проговорила она, обращаясь к Михайле. Она говорила тихо, потому что быстрота биения сердца мешала ей дышать. "Нет, я не дам тебе мучать себя", — подумала она, обращаясь с угрозой не к нему, не к самой себе, а к тому, кто заставлял её мучаться, и пошла по платформе мимо станции.

Две горничные, ходившие по платформе, загнули назад головы, глядя на неё, что-то соображая вслух о её туалете: "Настоящие", — сказали они о кружеве, которое было на ней. Молодые люди не оставляли её в покое. Они опять, заглядывая ей в лицо и со смехом крича что-то ненатуральным голосом, прошли мимо. Начальник станции, проходя, спросил, едет ли она. Мальчик, продавец квасу, не спускал с неё глаз. "Боже мой, куда мне?" — все дальше и дальше уходя по платформе, думала она. У конца она остановилась. Дамы и дети, встретившие господина в очках и громко смеявшиеся и говорившие, замолкли, оглядывая её, когда она поравнялась с ними. Она ускорила шаг и отошла от них к краю платформы. Подходил товарный поезд. Платформа затряслась, и ей показалось, что она едет опять.

И вдруг, вспомнив о раздавленном человеке в день её первой встречи с Вронским, она поняла, что ей надо делать. Быстрым, легким шагом спустившись по ступенькам, которые шли от водокачки к рельсам, она остановилась подле вплоть мимо её проходящего поезда. Она смотрела на низ вагонов, на винты и цепи и на высокие чугунные колёса медленно катившегося первого вагона и глазомером старалась определить середину между

came up to her and handed a note. She unsealed it and the heart of hers shrank even before than she read.

"Very sorry that the note did not catch me. I will be at ten o'clock," – in a careless handwriting was writing Vronskiy.

"So! I this was expecting!" – told she herself with a wicked grin.

– Good, so ride home, – quietly articulated she, addressing Mikhaila. She was talking quietly because the quickness of the beating of heart was hindering her to breathe. "No, I will not let you torment me," – thought she, addressing with a threat not to him, not to her own self, but to that who forced her to agonize, and went along the platform past the station.

Two maids, walking along the platform, bent back the heads, looking at her, something considering aloud about her attire, "Real," – said they about lace, which was on her. Young men were not leaving her at peace. They again, looking her into the face and with laughter shouting something in unnatural voice, passed by. The head of the station, passing by, asked is going whether she. The boy, a seller of kvas, was not letting off her the eyes. "God mine, where to me?" – Still further and further going along the platform was thinking she. At the end she stopped. Ladies and children, having met a gentleman in glasses and loudly laughing and talking, fell silent, looking over her when she levelled with them. She quickened the step and went away from them to the edge of the platform. Was approaching a cargo train. The platform shook and to her seemed that she is riding again.

And suddenly, having remembered about the crashed person on the day of her first meeting with Vronskiy, she understood what to her needs to do. With a quick light step descending from the stairs, which were going from the pump-house to the rails, she stopped near close past her going train. She was looking at the bottom of the cars, at screws and chins and at high cast-iron wheels of the slowly riding first car and with an eye-estimation was trying to define the middle

передними и задними колёсами и ту минуту, когда середина эта будет против неё.

"Туда! – говорила она себе, глядя в тень вагона, на смешанный с углём песок, которым были засыпаны шпалы, – туда, на самую середину, и я накажу его и избавлюсь от всех и от себя".

Она хотела упасть под поравнявшийся с ней серединою первый вагон. Но красный мешочек, который она стала снимать с руки, задержал её, и было уже поздно: середина миновала её. Надо было ждать следующего вагона. Чувство, подобное тому, которое она испытывала, когда, купаясь, готовилась войти в воду, охватило её, и она перекрестилась. Привычный жест крестного знамения вызвал в душе её целый ряд девичьих и детских воспоминаний, и вдруг мрак, покрывавший для неё все, разорвался, и жизнь предстала ей на мгновение со всеми её светлыми прошедшими радостями. Но она не спускала глаз с колёс подходящего второго вагона. И ровно в ту минуту, как середина между колёсами поравнялась с нею, она откинула красный мешочек и, вжав в плечи голову, упала под вагон на руки и лёгким движением, как бы готовясь тотчас же встать, опустилась на колена. И в то же мгновение она ужаснулась тому, что делала. "Где я? Что я делаю? Зачем?" Она хотела подняться, откинуться; но что-то огромное, неумолимое толкнуло её в голову и потащило за спину. "Господи, прости мне все!" – проговорила она, чувствуя невозможность борьбы. Мужичок, приговаривая что-то, работал над железом. И свеча, при которой она читала исполненную тревог, обманов, горя и зла книгу, вспыхнула более ярким, чем когда-нибудь, светом, осветила ей все то, что прежде было во мраке, затрещала, стала меркнуть и навсегда потухла.

between the front and back wheels and that minute when the middle this will be opposite her.

"There!" – was saying she to herself, looking into the shadow of the car, at the mixed with coal sand, with which were strewed the sleepers, – there, at the very middle, and I will punish him and get rid of all and of myself."

She wanted to fall under the levelling with her middle of the first car. But the red pouch, which she began taking off the hand, delayed her, and /it/ was already late; the middle had passed her. Needed was to wait until the next car. The feeling, similar to that, which she experienced when, swimming, was preparing to come into the water, seized her and she crossed herself. The habitual gesture of a crossing sign caused in the life of hers the whole row of maiden and childhood memories, and suddenly the gloom, covering for her all, tore, and life presented to her for a moment with all its light past joys.

But she was not letting the eyes off the wheels of the approaching second car. And exactly at that minute as the middle between the wheels levelled with her, she threw away the red pouch and, pressing into the shoulders the head, fell under the car on hands and with a light movement, as if preparing immediately to stand up, lowered on the knees. And at the same moment, she was horrified at that what /she/ was doing. "Where am I? What I am doing? What for?" She wanted to rise, recline; but something huge, inexorable pushed her in the head and dragged by the back. "God, forgive me all!" – articulated she, feeling the impossibility of struggle. The man, repeating something, was working on iron. And the candle, by which she had been reading full of anxieties, deceptions, grief and evil book, flared more bright than ever light, lit to her all that what before was in the dark, crackled, began to fade and forever went out.